朝日新書
Asahi Shinsho 964

子どもの隠れた力を引き出す

最高の受験戦略

中学受験から医学部まで突破した科学的な脳育法

成田奈緒子

朝日新聞出版

はじめに

「いい学校」を目指す子どもたち

この本を手に取ってくださったあなたは、お子さんの将来について真剣に考える、よきお父さん・お母さんです。

晩婚や高齢出産、それに伴う少子化により、少ない人数の子どもに時間とお金を惜しみなくかけ、大切に育てる親御さんが増えています。

しかし、教育に関するさまざまな情報が錯綜《さくそう》する現代において、わが子にとって最良と思える選択をすることは想像以上に困難です。親がよかれと思って提供した教育が、子どもを追い詰めているケースも珍しくありません。

私はこれまで、脳科学者・小児科医として子どもの脳の発達を研究する傍ら、子どもの心身の問題に向き合ってきました。その中で、研究と臨床だけでは解決できない根本的な問題を感じるようになり、２０１４年に親子の支援事業「子育て科学アクシス」を仲間と共に立ち上げました。

子育て科学アクシスでは、発達障害や不登校、引きこもりなど、さまざまな不安や悩みをもった親子を対象に、これまでに延べ７０００人以上の問題解決にあたってきました。相談に来られる親子の特徴として比較的多いのが、親御さんは高学歴で社会的地位のある職業に就き、お子さんも高偏差値の名門中学・高校に通っているという組み合わせです。

子どもたちのほとんどは、幼少期からありとあらゆる習い事に通い、小学校からは中学受験に向けてハードな塾通いを経験していました。忙しい毎日の中で幼い頃から日常的に十分な睡眠時間が取れず、脳が上手く育たなかった結果、不登校や体調不良といった症状が現れていることがわかりました。

彼らと向き合う中で私が思うことは、昼夜を問わず勉強し、念願の名門校に合格できたとしても、必ずしも幸せになれないということ、それどころか、代償を伴うケースが非常に多いということです。

世間一般でいう「いい学校」に進学できたとしても、子どもの心身に異常をきたすようでは本末転倒です。

子育てで徹底したのは「これ」だけ

私自身、教育熱心な親のもとで育ち、子ども時代は思い出すのも辛いほど、親の過度な期待に押し潰されそうな毎日を送っていました。持ち前の反骨精神でプレッシャーをはねのけながらも、自律神経の失調からくるさまざまな症状に苦しみました。

ですから、結婚して娘が生まれた時には、「この子には私と同じ思いは絶対にさせない」と強く心に誓いました。親として子どもを「いい人間に育てたい」という気持ちはありましたが、それはいわゆる「いい学校に入学して、いい会社に就職する」ということではありませんでした。

娘には、偏差値や学力では測れない価値や、本当の意味での賢さを身につけてほしいと考え、脳科学の知見を活かした子育てを実践しました。

脳科学というと、専門的で難しいことのように聞こえますが、子育てで私が徹底していたのは、十分な睡眠時間を確保すること、そして勉強ではなく生活から自己肯定感を育むこと、この二つだけです。

その他のことについては、学校の宿題を忘れようが、問題行動について先生から叱られようが、生死にかかわるような重大なことでなければ、うるさく干渉したり、厳しく叱ったりすることはほとんどありませんでした。

偏差値35だった娘が、睡眠時間を削らず医学部に進学

そんな環境で育ったせいか、幼少期の娘は全くもって「優秀な子」ではありませんでした。もちろん、親の私から見ればいいところがたくさんありましたが、集団の中で目立つような子ではありませんでした。幼稚園の水泳教室では13クラス中一番下のクラス、文字は年長さんの夏頃まで1文字も読めませんでした。

小学生になってからも相変わらずぼうっとしていて、しょっちゅう学校の宿題を忘れていくような子でした。特に印象的だったのが、4年生の時に受けた全国統一模試の結果です。

娘の友達のお母さんに誘われ、物は試しと受けさせた結果、算数の偏差値がなんと35だったのです。「偏差値では測れない価値を」とは言ったものの、この時ばかりはさすがに驚きました。

わが家は私も夫も医者であり、2人とも教育熱心な家庭で育ったため、小学生の頃から偏差値は60以上が当たり前でした。ですから娘の模試の結果を見た時、私たち夫婦の最初の反応は、嫌味でもなんでもなく、

「偏差値に35なんてあったんだ」

という純粋な驚きです。

しかし驚きはしましたが、お説教をしたり塾に行かせたりすることはありませんでした。結果、娘は危機感を抱くこともなく、その後も宿題をやらなかったり、忘れ物をしたりしながら学校生活を送っていました。

そんなわけで、相変わらず「優秀な子」からは程遠い娘でしたが、6年生の時には私立中学を受験することになりました。

オープンキャンパスで訪れた自由闊達《かったつ》な校風の中高一貫校に憧れ、「ここに通いたい！」と一念発起。塾に通わず、睡眠時間も削らずに志望校に合格しました。

自分が選んだ学校で中高6年間を伸び伸びと満喫した娘は、大学受験では再び自分の意思で医学部進学を決意。浪人生活でも1日8時間睡眠を確保し、受験勉強の傍ら、進んで家事もこなしながら医学部に合格することができたのです。

勉強を楽しめる子どもに育てる

ここまでの話を聞いて、

「両親が医者だし、うちの子とは育った環境が違うよね。これじゃ参考にならない」

と思った方もいらっしゃるかもしれません。しかし、私は娘が小学校の頃から一貫して子どもの成績に口を出しませんでしたし、娘に「医者になってほしい」と思ったことは一度たりともありません。

むしろ、娘の浪人が決まった時には、進路を考え直すように助言したほどです。それでも娘の決意は揺るがず、自分で決めた目標に向かってコツコツ努力し、「医者になる」という夢を自力で実現させました。

今、幼少期の娘を振り返って思うのは、当時の娘が周囲と比べて特別に劣っていたわけではなく、周りの子たちが早期教育に習い事にと忙しく励む中で、その差が大きく見えていただけだったということです。

そうした状況でも当時の私が落ち着いていられた理由はただ一つ、脳科学の知識があったからです。子どもの脳の発達には順序があること、時間がかかっても子どもの脳は必ず発達することを知っていたからです。

実際、幼い頃には大きく見えていた娘と周囲の子たちとの差は、成長するにつれて徐々に縮まり、いつしかなくなっていました。

当時と比べ、今はさらに早期教育が過熱している時代です。インターネットやSNSなどを通じて嫌でもそうした情報に触れるため、わが子に何もさせないでいると余計に不安になるかもしれません。

でも、本書を通じて脳科学の正しい知識に触れ、子どもに必要な「脳育て」の基本がわかれば、メディアの煽《あお》り文句や周囲の言葉に流されず、悠然と構えていられるはずです。

子育てに正解はありません。しかし、さまざまな親子の事例を見ている中で、見えてくるものはあります。

本書では、私の脳科学の知見やさまざまな事例、そして自身の子育て経験から、子どもの脳を本当の意味で賢く、健やかに育てるためのポイントを提案します。

一方、実際にこうした教育を受けた娘はどう感じたのか？　彼女の生の声も各章末で紹介します。

大丈夫、子どもの脳は必ず発達します。

そして、何歳からでも育て直すことができます。

本書がみなさんのお子さんにとって、学校や受験勉強だけでなく、この先の人生を歩む上でも役立つものになることを願っています。

※本書に登場する事例は、相談者のプライバシー保護の観点から、個人が特定できないよう、状況のみ維持してその他の属性は改変しております。

子どもの隠れた力を引き出す

最高の受験戦略

目次

はじめに

第1章　中学受験で心が壊れた子どもたち

第2章 子どもの脳がぐんぐん育つ習慣

第3章　やる気を引き出すには観察力がすべて

第4章　無理せず合格できる！省エネ勉強術

第7章　自己肯定感は生活の中で創られる

編集協力　井藤祥子
図版　伊藤理穂
（朝日メディアプロダクション）

第1章　中学受験で心が壊れた子どもたち

ハードな塾通いが子どもの心に与える影響

中学受験を目指す小学生の中には、毎日のハードな塾通いによって心身を壊してしまう子どもが本当にたくさんいます。

私が代表を務める子育て科学アクシスには連日、そのような親子が相談にやってきます。私は学習塾の存在を一概に否定するつもりはありません。ただ、子どものタイプや塾の教育方針によっては、一定のリスクがあることを知っておいてほしいのです。

リスクの一つは、低年齢からのハードな塾通いと、塾で出される膨大な宿題によって生活リズムが崩れ、脳の大事な部分が育たなくなることです。

小学生のうちは、脳の土台部分を育てる大事な時期であり、十分な睡眠と規則正しい生活が何よりも大事です。夜遅くまでの勉強で生活リズムが乱れ、睡眠不足が続くと、自律神経の不調によるさまざまな身体症状が現れる可能性があります。症状は頭痛や腹痛、吐き気、腰痛、不眠、じんましんなど人によりさまざまです。

仮に志望校に合格できたとしても、そうした不調に悩まされ、入学後に不登校になったり、中退してしまったりするケースが後を絶ちません。

もう一つのリスクは、塾の先生や友達からのプレッシャーにより、必要以上に不安になってしまうことです。塾では常に成績を競わされ、家に帰っても親が勉強をさせようと待ち構えている。そのような心休まらない毎日が、子どもの脳育てにいい影響があるとは到底思えません。

では、どうすればいいのか。私たちの理論は、「生活が脳を育てる」というものです。子育て科学アクシスでは、脳科学や心理学、教育学の専門家が、エビデンスをもとに、より良い脳育てのための生活環境づくり「ペアレンティング・トレーニング」（親側の子育ての訓練）を実施しています。

本書では、この「ペアレンティング・トレーニング」の理論に基づき、ハードな塾通いをさせるわけでも、放任するわけでもなく、日常生活の中で子どもの脳を着実に育てる方法をお伝えします。

規則正しい生活の中で、よく食べ、よく眠り、子どもも家族の一員としての役割をしっかりと果たす。たったそれだけのことで、さまざまな症状を抱えていた子どもの心身はもちろん、親の状態もみるみるうちによくなることがあるのです。

子どもの成長に合わせて脳をバランス良く育てることができれば、詰め込み式の勉強を強制しなくても、子どもは自ら勉強を楽しめるようになることも多いのです。

学習には口を出さない、成績は見ない

私は娘が小学生の時から、テストの答案用紙を見た記憶がほとんどありません。テスト結果が一覧となった成績表には一応目を通していましたが、答案用紙については娘に「見せて」と言ったこともありませんでしたし、通知表も積極的に見ようとしませんでした。しかし、それは私が仕事で忙しかったからでも、娘の成績に関心がなかったからでもありません。

正直に言うと、私は学校の定期テストにはあまり意味がないと思っています。

子どもの能力そのものを測る学力テストとは異なり、定期テストではあらかじめ出題範囲が告知されています。教科書で習った単元の振り返りであり、授業中に真面目にノートをとり、暗記すれば誰でも高得点を狙えます。

それも大事なスキルの一つではありますが、それだけでは子どもの学力を測ることに限界があるのです。

学校からの評価を鵜呑みにする必要はない

通知表についても、そこで評価されていることが絶対だとは思えません。特に小学校では、◎・○・△などの3段階で各教科の成績が評価されますが、子どもの具体的な学力については何もわかりません。

評価は学力だけを対象にせず、宿題や提出物、授業中の発言なども加味され、総合的に判断されます。うちの娘は前述の通り、宿題をしょっちゅう忘れていましたし、授業中も積極的に発言をするようなタイプではありませんでした。

そうしたマイナスポイントによって、娘のいいところは見過ごされてしまいます。担任の先生から見れば、娘は30人いる生徒のうちの目立たない1人でしかなく、それはそれで仕方のないことですが、その評価を鵜呑《うの》みにする必要はないと感じていました。

テスト結果に一喜一憂しない

算数は苦手だけどパズルが得意な子、国語のテストの点数は悪いけど、自分で素晴らしい物語を創作できる子など、学校の評価ポイントとは異なるところに得意なことがある子どもはたくさんいます。

毎日の生活を通して、子どもの脳が「ちゃんと育っている」ことが確認できれば、一回のテストに一喜一憂することもなくなります。

以前、小学4年生の息子の国語の出来が悪いからと、毎日学習塾に通わせ、家に帰ってからも夜中の12時までつきっきりで宿題を見ているというお父さんがいました。問題を間違えるたび、お父さんに怒鳴られるため、息子さんの方はすっかり畏縮しています。おまけに連日の寝不足により自律神経が乱れ、毎朝決まった時間に起きられなくなっていました。

そこでとりあえず塾に通うことをやめてもらい、早寝早起きの生活習慣を取り入れてもらったところ、みるみるうちに息子さんの状態が良くなっていったのです。

ある時、お父さんがふと息子さんを見ると、机に向かって何かを一生懸命書いていたそうです。聞くと、自分で思いついた小説を書いているとのこと。

文章を読むのが苦手で、自分で物語を書くことなんて絶対にできないと思っていた息子が、壮大な長編小説を書いていて、しかも読ませてもらったら内容も面白い。お父さんは驚きを通して感動してしまったそうです。

こうした創造力があるのは、脳がちゃんと育っている証拠です。そのことを伝えると、お父さんは「この子は大丈夫だ」と安心し、それ以降はテストの点数に一喜一憂することもなくなり、過干渉もなくなりました。

こうした子どもの発達は、学校のテストでは測れません。毎日の生活を通して、親が気づいて認めてあげることで伸ばすことができるのです。

子どもの脳の発達は、生活の中で確認できる

「そうは言っても、やはり子どものテストの点数や成績が気になるし、見たら一喜一憂してしまう」という親御さんもいらっしゃると思います。親として、子どもの成績を見ること自体は悪いことではありませんが、かといって学校の成績を当てにしすぎるのも危険だと思います。

大事なのは親が子どもを観察することです。

そこを他人任せにして、「学校で成績優秀だからこの子はきっと大丈夫」と親が観察を怠ってしまうと、子どもの発達における重要なポイントを見落としてしまう可能性があります。

例えば、家庭で夕食後の食器の片づけはお母さんの役割だったとします。いつもは家族が夕食を食べ終わると、すぐにテキパキと片づけを開始するお母さんが、今日はなかなか立ち上がろうとしません。

その様子を見ていた子どもは、「お母さん、いつもと様子が違うな。ひょっとして、仕事でトラブルでもあったのかな」と考えます。そこで、自分から黙々と食器の片づけを始めたなら、この子の脳はちゃんと育っていると言えます。

この子はテーブルの上の食器を放置したまま、自分の部屋に行くこともできたはずです。ただ、明日の朝食までには誰かが片づけなければならないし、疲れ切ったお母さんにやらせるのは申し訳ない。

こうした先の見通しを立て、相手の気持ちを想像し、自ら行動することができるなら、この子の前頭葉は十分に育っています。

こうした頭の良さは学校の成績では測ることができませんが、本当の意味での「賢さ」だと私は思っています。

学習塾に通うなら、生活の軸に抵触しない範囲で

小学生になると、学習塾に通わせる家庭が増えます。わが家でも一時期、娘を学習塾に通わせていました。当時、夫の単身赴任でワンオペ育児の真っただ中にいた私は、週に数日はシッターさんに来てもらっていました。

ある日、わが家の向かいに学習塾があることに気づき、値段を調べたところ、「シッターさんより学習塾の方が安い」と判明。よこしまな理由から、試しに娘を入塾させることにしました。

娘が通っていた塾は、プリント学習を主体としていました。一つの単元が終わると、学校での進度とは関係なく個人のレベルに合わせて上の学年の問題を解いていくことができます。どんどん解き進めることができ、娘も楽しそうに通っていました。

しかし、後述するように、わが家には「夜8時就寝」という絶対に譲れない生活の軸がありました。先生方にも、あらかじめ「夜7時には帰らせてください」とお願いをしていましたが、娘のレベルが上がるにつれ「今が伸びどきだから」と引き留められるようになったのです。

そうして徐々に塾にいる時間が延びていき、遂に夜7時を回っても家に帰って来なくなりました。先生方からは「せっかく学力が伸びているのに、もったいない」と残念そうに言われましたが、規則正しい生活を優先して退塾させました。

親が生活の軸をぶれさせなければ、子どもにも軸が生まれる

親として「他の子が遅くまで勉強しているなら、うちの子も同じ時間までやらせた方がいいのでは」と迷いが生じる気持ちもわかります。それでも生活の軸を常にぶれさせずに子どもと接しているうちに、次第に子ども自身の中にも軸ができ上がっていきます。

娘は小学6年生の時に中学受験をすることを決めましたが、「中学受験では塾に通う子が多い。夕方から8時頃まで勉強することになると思うけど、どうする?」とたずねたところ、「絶対無理!」という反応が返ってきました。

幼い頃から早寝早起きを習慣にしてきた娘は、「受験はするけど、生活リズムを変えたくないから塾には通わない」という決断を自ら下しました。

また、高校時代には定期試験の前に普段より1時間短い「6・5時間睡眠」にチャレンジしたものの、3日で断念していました。

私から見て特に異常はなかったのですが、本人は「やっぱり睡眠は8時間必要だね。6・5時間まで減らすとイライラしたり、集中力が下がったりする気がする」と言ってい

ました。

生活の軸を通して自分の体調をモニタリングし、受験に最適な心身を自らつくっていったのです。

塾の脅しは真に受けなくていい

このように、娘は中学受験をしましたが学習塾に通うことはありませんでした。一番の理由は、本人が塾通いによる生活リズムの乱れを嫌ったことでしたが、もう一つの理由としては子どもが塾に通うことで、私が余計な不安を煽られたくなかったからです。

小学6年生の夏、娘の友達のお母さんから「いい塾があるから、一緒に通わせない？」と誘われ、物は試しと、地方都市から2時間かけて東京まで塾生以外も受けられるオープン模試を受けに行かせたことがあります。

模試の終了時間に娘を迎えに行くと、「親御さんは、このあと少し残ってください」と先生からお話があり、そこからなんと1時間かけてお説教が始まりました。

「これから試験当日までは毎日10時間以上は勉強させること」「家でもできるだけ勉強時間をつくること。夜10時前に寝かせるなどもってのほか」など、そこでは私が考える脳育ての理論とは相反する内容が語られていました。

先生方の話を聞いて焦るどころか、「これでは子どもたちがダメになるわけだ」と妙に納得してしまいました。

しかし、周りの保護者の方々はもう必死です。先生方の言葉に不安を煽られ、みるみるうちに表情は引きつり、心拍数が上がっていっているだろうことが手に取るようにわかりました。

先生方は親御さんを不安にし、受験モードにさせるためにそうした話をしているわけですから、当然と言えば当然です。

不安気質の子どもは親の言葉の裏を読む

こうした不安を植えつけられた親が、口では「大丈夫、あなたならきっと合格できる」と言っても、子どもは鋭いので親の本心を見抜きます。

「そう言うけど、本当は受かるかどうか不安なんだ」と察しますし、「落ちても近くの公立中学に通えばいいよ」と言われたら、「絶対に合格しろってことだな」と言葉の裏を読もうとします。生まれつきの気質として不安が高い子どもほど、こうした裏の意味を読み、余計に不安を高めてしまいます。

結果、試験前にじんましんが出る、下痢が止まらなくなる、吐き気がするといった諸症状となって不安が現れます。そのようなコンディションでは、いくら勉強しても試験本番で実力を発揮することはできません。

塾によっては、テストの結果に応じてクラス分けや席順が決められているところもあります。そうすると、自分より下のクラスの子どもを「おまえなんか落ちこぼれじゃん」と馬鹿にするなど、偏差値を基準に子ども同士でマウントを取り合うようになります。

塾としては、子どものやる気を鼓舞するために意図的に競争心を煽っているところもあるでしょう。

先生から「親御さんが二人三脚で勉強をみてあげないと、お子さんの順位がどんどん下がり、かわいそうな思いをさせてしまいますよ」という脅しに近いお説教を受けたという親御さんもいます。その言葉を真に受け、家でも親がつきっきりで勉強をやらせたらどうなるか。

朝から学校や塾という集団の中で勉強し、帰宅してからも親が待ち構えている。

合格・不合格以前に、そのような心休まらない環境が、子どもの脳の発達にいいとは到底思えません。

実力に見合った学校を選んで塾ナシ受験

娘が本気で受験勉強を始めたのは、小学6年生の12月下旬でした。一般的な中学受験の準備期間が2～3年ということを考えると、かなり直前の対策だったことは間違いありません。しかし娘の志望校は本人の学力と乖離《かいり》のない、ほどほどの偏差値の学校でした。学校で習わない難問ばかりが出題される難関校とは異なり、学校での勉強に加え、少し受験対策をすれば十分間に合うレベルでした。

そこから年末年始を挟んだ17日間は、親子で気合いを入れて受験勉強に取り組みました。その間は、私も仕事を入れずに娘の勉強をつきっきりでみました。具体的なスケジュールは以下の通りです。

・午前4時起床　勉強をスタート。
・午前6時半　朝食をとって、再びお昼まで勉強。
・午後1時　昼食。日替わりでいろいろなお店のランチを食べに行き、ほっと一息。

・午後3時半　買い物をして帰宅したら犬の散歩。入浴後に軽めの夕食。
・午後7時　就寝。

勉強計画については、とにかく過去問題を解くことに集中しました。試験本番まで時間がなかったこともあり、その他の勉強は一切していません。

10年分の過去問題を用意し、1日当たり1年分を本番と同じ制限時間で解き、終わったら私が採点して間違えたところを見直すということをひたすら繰り返しました。

わが家では私が勉強をみましたが、勉強を教える人は親でなくても誰でも構いません。注意したいのは教える人が不安になったり、イライラしたりしないこと。「こんな問題も解けないでどうするんだ！」などと怒ってしまっては、子どもが勉強に集中できません。

うちでは親子そろって「落ちたら落ちたで公立に行けばいいか」というような心もちだったので、過去問を解いている時も娘はたくさん間違えましたが「まだ、こういうことも知らなかったのか」と呆れはしたものの、特段イライラはしませんでした。

親がイライラしてしまったり、仕事で時間が取れなかったりと、何らかの事情で教えられない場合は、学習塾に通わせることも選択肢に入るでしょう。
しかしその場合も、睡眠時間の確保は絶対条件です。

入試直前に早起きのリズムを崩すのは逆効果

娘のスケジュールを見て、朝が早いことに驚かれたかもしれません。早朝から勉強していた理由は、朝の方が効率よく脳が働くということと、受験本番を意識していたからです。合格するためには、本人の実力はもちろん、脳の処理速度も重要です。受験では、制限時間内にできるだけ多くの問題を正確に解くことが求められ、正答率が高い人から順に合格が決まります。つまり、脳の中に詰め込んだ知識をいかに素早く取り出し、アウトプットできるかが問われているわけです。

どれだけ知識をインプットしても、試験中に脳が上手く働かず、時間切れになってしまうようでは合格できません。

ですから、試験が行われる時間帯に脳を万全な状態にもっていく必要があります。となると、夜中の2時や3時にいくら勉強がはかどったとしても、その時間に試験が行われなければ意味がありません。多くの学校では試験は午前中からお昼にかけて行われますから、ちょうど学校で授業を受けている時間帯に、頭がすっきりと働く状態になっていることが理想です。

子どもの中学受験を控えた親御さんの中には、6年生の1月になると、受験勉強に集中させるために学校を休ませる方が多くいます。

「受験が終わるまでは夜遅くまで勉強させ、その代わり朝は少しゆっくり寝かせてあげています」というような話を聞きますが、自ら進んで試験本番で脳が働かない生活リズムを選んでいるようなものです。

受験が決まったら、親は諦める覚悟をしておく

子育て科学アクシスには、中学受験を控え、不安を抱えた親御さんがたくさん相談に見えます。そうした親御さんの多くが、まるで自分の受験であるかのように子どもの成績に一喜一憂しています。

自分のことであればいくらでも頑張りようがありますが、実際に受験するのはまだ年端《としは》もいかない子どもです。親にできるのは、どんな結果でも受け入れることくらいです。

お子さんの中学受験が決まったら、親御さんは常に「諦める覚悟」をしてください。

この覚悟が足りない親御さんが、圧倒的に多いと感じます。

これは子育てのあらゆる場面で言えることですが、親は常に諦める覚悟をもっておく必要があります。習い事を始める時、学校生活を送っている時、どんな時でも子どもは親の期待通りにならないことの方が圧倒的に多いわけです。

習い事を始めても、子どもがすぐに飽きるかもしれない覚悟。小学校に入学したらクラスに上手く馴染《なじ》めず、不登校になるかもしれない覚悟。中学受験に失敗して、公立中学に通うかもしれない覚悟。

こうした覚悟をもつためには、親は子どもと同じ視点に立つのではなく、一歩離れ、少し高いところから見守る意識をもつことがポイントです。そこから親が太陽のように明るい笑顔を輝かせていれば、子どもはその笑顔に勇気をもらえます。

「こんな問題も解けないの！」と怒りながら子どもの勉強をみるくらいなら、一歩引いたところから子どもを見守ってあげてください。

そのためには、どんなに仕事が忙しくても、まずは親自身がゆっくり休む時間を確保し、子どもに笑顔を見せるだけの心の余裕をもつことが大事です。

さて、読者の方には本書で提案する教育法を受けて、「実際の子どもの本当の気持ちはどうだったのか?」と疑問を抱く方もいらっしゃることと思います。

そこで、各章末では娘に登場してもらい、今だから明かせる正直な意見をとことん聞かせてもらいましょう。

成田娘のホンネ① 「悔しい」と感じる経験が力になった

中学受験では志望校が決まった後も、楽観的でマイペースな性格から「なんとかなるでしょ」と勉強もせず、のんびり過ごしていました。入試が差し迫った小学6年生の冬、「このままでは受からないよ」と母に言われ、ようやく重い腰を上げました。

そこからは母とマンツーマンで、ひたすら志望校の過去問題を解きました。母から教わった勉強法で新鮮だったのは、「わからなくてもとりあえず問題を解いてみる」というもの。

それまでは最初に参考書を読んでから問題を解いていましたが、一度読んだだけでは参考書の内容を覚えきれず、問題を解いた後にもう一度読み直していました。はじめから問題を解くことで二度手間を省ける他、間違えたことで「悔しい」という感情が生まれ、内容がより記憶に残りやすくなりました。

こうして朝から過去問題をひたすら解き、お昼になればその日の勉強は終わりにして、母とランチに出かけました。勉強嫌いな私にとって受験対策は決して楽しいものではありませんでしたが、ランチタイムを楽しみに毎日勉強に励んでいました。たくさん間違えてイライラしても、お昼になったら勉強はスパッと終わりにして出かけてしまうことで、翌朝からすっきりした心と頭で勉強に向かうことができました。

第2章　子どもの脳がぐんぐん育つ習慣

まずは睡眠時間を確保、余った時間を勉強にあてる

脳育ての理論において、私が何よりも重視しているのは早寝早起きと睡眠時間という「生活の軸」です。

まずは生活の軸を守った上で、次に食事や入浴といった生活に必要な時間を差し引き、最後に余った時間を勉強にあてるのです。

勉強をやらなくても子どもの成長に支障はありませんが、勉強を強制されることで心身にさまざまな症状が現れてしまった子どもを今までに数多く見てきました。

「そんなことをいっても、子どもが落ちこぼれたら将来かわいそう」と思われるかもしれません。

しかし、学ぶことの重要性を自分で理解できれば、子どもは自ら勉強をするようになります。

それが子どもの脳を育てるということです。

隣で子どもにつきそいながら時間をかけて勉強を教えても、残念ながら子どもの脳を育てる根本的な方法にはならないのです。

脳の発達には守るべき順序がある

規則正しい生活や睡眠時間に私がこだわる理由は、人間の脳が発達する順序にあります。人間の脳は、生後約18年かけ、大きく3段階に分かれて発達します。私はこの三つのパートを、発達する順番に「からだの脳」「おりこうさんの脳」「こころの脳」と呼んでいます。この順番が変わることは決してありません。

最初に発達する「からだの脳」は脳の中心部に位置し、大脳辺縁系や視床下部、中脳などを指します。呼吸や体温調整、寝る、起きる、食べる、体を動かすといった極めて原始的な機能を司《つかさど》る、人間の生命維持装置に当たる部分です。

次に発達するのが、脳の外側を広く覆っている「おりこうさんの脳」です。脳のしわの部分である大脳新皮質を指し、読み書きや計算、記憶、思考、指先を細かく動かす微細運動などをコントロールしています。中心部の「からだの脳」が原始的な動物にも備わっているのに対し、外側部分の「おりこうさんの脳」は、進化の過程で発達した人間らしさを司る機能を担います。

そして最後に発達するのが「こころの脳」です。

「おりこうさんの脳」の一部である前頭葉と「からだの脳」をつなぐ神経回路のことを指します。「こころの脳」が発達すると、論理的思考力や問題解決能力、想像力、集中力などが身につき、物事を論理的に考えたり、衝動性を自制できたりするようになります。

脳は何歳からでもつくり直すことができる

三つの脳はそれぞれ発達するタイミングが決まっており、0歳では「からだの脳」、1歳頃からは「おりこうさんの脳」、そして10歳頃から「こころの脳」が発達します。

「からだの脳」は生きる上で最も大切な脳であり、0〜5歳にかけて盛んに育ちます。この脳が体内時計を動かすことで、朝は覚醒し、夜は入眠することができます。昼間は身体活動を行うために活発に自律神経を活動させ、空腹になれば食欲を起こし、きちんと食事を摂ることができます。

「からだの脳」が育たないことには、後に続く「おりこうさんの脳」も「こころの脳」も上手く育たないため、脳全体の土台部分といえます。

この「からだの脳」を育てるために必要なのが、規則正しい生活と十分な睡眠時間です。幼少期はとにかくよく食べ、よく動き、よく眠ることで「からだの脳」を育てることが何

脳が育つ順番

からだの脳
❶0 ～ 5歳
生命維持にかかわる
おりこうさんの脳
❷1 ～ 18歳
受験やスポーツにかかわる
こころの脳
❸10 ～ 18歳
想像力や社会性にかかわる

よりも大切です。

もし、脳育ての順番が間違っていたことに気づいても、慌てる必要はありません。脳は何歳からでもつくり直すことが可能です。

人間の脳内には、情報処理を行う神経細胞・ニューロンが通常150億〜200億個あると言われています。このニューロンが複雑に結びつき、情報伝達を行うことで脳は発達します。

成人期には約100億個の脳細胞がつながりますが、残りの50億〜100億個の脳細胞はつながらずに残り、死ぬまでつながりが増え続けることが脳科学の研究から明らかになっています。このつながりを増やすことで、何歳からでも脳を育てることは可能です。

特に発達途中である子どもの脳は「可塑性《かそせい》」といって、とても柔軟性が高く、新しい刺激によっていくらでも変化させることができます。ですから、順番を間違えていると思ったら、まずは規則正しい生活を心がけ、「からだの脳」づくりから始めてみましょう。

「賢いおりこうさん」が、成長して問題を抱える訳

特に5歳までの子どもは、何をおいても脳の土台となる「からだの脳」を育てることが

重要です。しかし、この時期に早期教育や習い事を始める家庭は少なくありません。

習い事などで刺激されるのは「おりこうさんの脳」です。「おりこうさんの脳」は1歳頃から育ちますが、発達の中核をなすのは6〜14歳頃であり、18歳頃まで時間をかけてゆっくりと発達します。

幼児期から「おりこうさんの脳」ばかり刺激された子どもは、幼少期は大人の言うことをよく聞く、「賢くておりこうさんな子」として周囲の評判も上々でしょう。

ところが小学校高学年から中学生くらいになると、不登校や摂食障害、不安障害など、さまざまな問題を抱えるケースが非常に多く見られます。「からだの脳」が育つ前に「おりこうさんの脳」ばかり育ててしまうと、脳全体がアンバランスな状態になり、やがて心の問題として顕在化してしまうのです。

繰り返しになりますが、脳の三つの機能には発達する順番があり、それぞれのバランスをとることがとても重要です。

脳を一軒の家にたとえるなら、1階が「からだの脳」、そして2階に「おりこうさんの脳」があります。この家を作る際、1階部分がまだ完成していないのに、2階部分から作り始めてしまうと家全体が崩壊します。まずは1階部分を作り、ある程度、形ができてから2階部分に着手する。そして最後に1階と2階をつなぐ階段部分にあたる「こころの脳」が完成するのです。

幼少期の短期的な評価より、中長期的な脳育てを優先する

人間はゆっくり成長する生き物です。そして成長には個人差があります。

周りの子どもと自分の子どもを比べ、「あの子はもうアルファベットがスラスラ読めるのに、うちの子はまだ一文字も読めない」「お友達がプログラミング教室に通い始めたから、うちの子も通わせないと」などと慌てる必要はありません。

「おりこうさんの脳」だけを大きく育てても、土台となる「からだの脳」が貧弱であれば、どこかでバランスを崩す可能性があります。幼少期の小さな焦りのせいで、子どもの脳のバランスを大きく崩してしまうと、あとから立て直すのは大変です。

「年齢の割にしっかりしている」「もうアルファベットが読める」という短期的な評価を得る代わりに、中長期的な問題を抱えるリスクを冒してまで早期教育をする必要があるのか、私には疑問です。

規則正しい生活により「からだの脳」が育っていれば、その子の心身は健やかに成長し

ます。勉強や友達関係などで少しくらい大変なことがあっても、脳が致命的なダメージを受けることはない、というのが私の脳育ての理論です。

5歳までの子育ては「立派な原始人」を目指す

5歳までの子どもは、言うなれば原始人のようなものです。本能のままに生きているという意味もありますが、人間が生まれる過程を見るとその理由がよくわかります。

ヒトは、魚類から両生類、爬《は》虫《ちゅう》類、時代を経て哺乳類へと進化する過程で生まれた生き物です。そして実は、私たちは母親の胎内にいる時に、これと同じ進化の過程を一気にたどっているのです。胎生25日の胎児の頭部には魚のようなエラがあり、まだとてもヒトとは思えません。その後、魚類から両生類へと進化するように鼻などが形成され、顔の真横にあった目が徐々に正面へと動き、やがてヒトの形になってこの世に誕生します。

生まれたばかりの赤ちゃんは、姿かたちこそ人間ではあるものの、まだ人間になりたての状態。進化の過程に沿うなら、まず目標とすべきは原始人であり、そこから少しずつ文明が扱える現代人を目指せば良いのです。

ですから、5歳までの子育ては、「うちの子を立派な原始人に育てる！」という意気込みで取り組んでください。この発想は、「からだの脳」を最初に育てる脳育ての理論とも一致します。

「からだの脳」を育てるには、よく食べ、よく眠り、規則正しい生活を繰り返すことが大切ですが、これはまさに「日が昇ったら起きて食べ、日が沈んだら身を守るために安全な場所で眠る」という原始人の生活そのものです。この時期に育まれる生きるためのスキルは、文明が高度に発達した現代においても、自分の命を守り、健康に生きる上で不可欠です。

乳幼児期は夜8時に寝かせることだけを目標にする

わが家では、娘は生後50日から保育園に預けられ、毎朝7時半頃には登園し、帰宅は夕方6時~7時頃でした。

幼いうちからハードな保育園生活を送っていたわけですが、どんなに私の帰りが遅くなっても夜8時までには娘を寝かせていました。

娘の就寝時刻から逆算して保育園のお迎えに行き、時間がない時には夕食やお風呂は適当にはしょり、それでも間に合わない時はシッターさんの手を借りながら、夜8時に寝かしつけることだけを目標に生活を送っていました。

帰宅後に団らんするような時間はほとんどありませんでしたから、娘とスキンシップが取れるのは夜、布団に入ってから眠りにつくまでの間くらい。

それ以外では朝食の時間が、家族全員そろってコミュニケーションを取れる唯一の時間です。娘と一緒にたっぷり眠り、元気いっぱいに目覚め、みんなでモリモリ朝食を食べながら朝の会話を楽しんでいました。

1日、1週間単位で帳尻を合わせる

共働き家庭の場合、夕食の支度は仕事から帰宅した夕方6時〜7時頃になることが多いと思います。親心として「なるべく手作りのおかずを提供したい」「栄養バランスを考え、品数を多くそろえたい」という気持ちもわかりますが、そのせいで就寝時刻が遅くなってしまっては、脳育ての観点では本末転倒です。

特に幼少期は「からだの脳」を育てることを何よりも優先すべき時期です。

毎日、太陽のリズムに合わせて規則正しい時間に寝起きすること。乳幼児期なら夜8時まで、小学生なら夜9時までには寝かせ、翌朝7時までに起こすことを目標にしましょう。

「そうは言っても、夕食後に後片づけをしてお風呂に入れていたら、あっという間に8時を過ぎてしまう」と思われた方は、すべてを完璧にこなそうとしているのかもしれません。

私の脳育ての理論では、早寝早起きさえ守っていれば、「きちんとご飯を食べる」「毎日お風呂に入る」といったことは、多少手を抜いても構いません。

「寝る前に、毎日絵本の読み聞かせをしてあげたい」と思っていても、夜8時を過ぎたならその日は潔く諦めます。1日くらいお風呂に入らなくても死にはしませんし、毎日絵本を読めなくても気にする必要はありません。

わが家では夜8時に寝ることを厳守していたので、就寝時刻から逆算して夕食をゆっくり食べている時間がない時には、納豆ご飯とお漬物だけで済ますこともありました。ただし、毎日納豆ご飯では栄養が偏りますから、時間に余裕がある日に帳尻を合わせていました。

夕食が簡素になってしまったら翌朝は野菜たっぷりのスープを用意する、お風呂に入らない日が続けば不衛生ですから、翌朝早起きして入らせる、時間がある週末に好きなだけ絵本を読んであげるなど、1日、1週間単位でバランスが取れていればよしとしましょう。

家族全員8時就寝で、子どもに睡眠の大切さを伝える

そして、毎晩8時になったら消灯。

親自身もパジャマを着て、「今日も早く寝られたね」「お布団、気持ちいいね」などと話しながら、親自身が寝ることを楽しむ姿を見せることで、睡眠の大切さを伝えましょう。

8時就寝を目標に掲げると、子どもだけ早く寝かせようとする親御さんが多いのですが、そうすると子どもは「ママたちばっかり夜中まで起きていてズルい」と恨み節になります。それならばいっそのこと家族全員で8時に寝て、起きる時間を調節する方が合理的かつ健康的です。

そうして朝になったら子どもより先に起き、自分の好きなことや仕事をする。子どもが起きてくる前に自分だけの静寂の時間をもつことで心に余裕ができ、子どもが起きてきた時には心からの笑顔を見せることができます。

日本人は世界的に見ても寝不足な人種

脳を育て、正常に働かせるために必要な睡眠時間は研究により発表されています。

世界の小児科医から最も利用されている小児科医の教科書『ネルソン小児科学』によると、小学生の理想の睡眠時間は約10時間、18歳でも8時間15分です。

一方、厚生労働省が行った調査によると、日本全国の小学生の平均睡眠時間は約8時間。さらに、経済協力開発機構（ＯＥＣＤ）が２０２１年に発表したデータでは、日本人の平均睡眠時間は7時間22分であり、全体平均である8時間28分より1時間以上も短く、加盟33カ国中、最も睡眠時間が短いことが報告されています。

つまり、日本人は、大人も子どもも必要な睡眠時間に対し、1～2時間も足りていないということになります。

とはいえ忙しい毎日の中で、理想の睡眠時間を確保することが難しい人も多いと思います。

ですから小学生なら9時間以上、中高生なら8時間以上、大人はできれば7時間以上を目安に、睡眠時間を確保することをお勧めします。大人でも、睡眠時間が7時間を下回ると、脳は正常な機能を保てなくなります。

ましてや発達途中の子どもの脳にとっては、睡眠時間の確保は他のことでは替えがきかないほど重要なものなのです。

ノンレム睡眠とレム睡眠を繰り返すことで、充実した睡眠に

睡眠にはレム睡眠とノンレム睡眠の2種類があります。通常、眠ってから30分ほどでノンレム睡眠が訪れます。ノンレム睡眠は非常に深いレベルの眠りで、蓄積した疲労を解消し、体をリセットしているような状態です。ノンレム睡眠が1時間ほど続いたあと、次にレム睡眠がやってきます。

レム睡眠では、脳は覚醒に近い状態で活動しています。非常に浅いレベルでの眠りで、夢もレム睡眠中に見ていると言われています。

レム睡眠中、脳内ではその日に起きた出来事や知識を整理・蓄積しています。記憶の取捨選択を行い、嫌な記憶を思い出しにくいところにしまうなど、脳をリセットしてくれます。

レム睡眠が30分ほど続くと、再びノンレム睡眠の深い眠りに入ります。こうしてノンレム睡眠とレム睡眠を4~5回繰り返すことで、充実した睡眠になります。

また、ノンレム睡眠中は、子どもの成長に不可欠な成長ホルモンが分泌されます。成長ホルモンは骨や筋肉をつくり、身長を伸ばす働きがあります。特に入眠から2時間後に盛

んに分泌され、たくさん分泌されることで集中力や記憶力、知能も発達します。

「夜型」は人生損をする？

人間は原始時代から昼行性の生き物であり、朝に活動することは理に適《かな》っています。通常、昼の11時頃までは脳の交感神経が優位ですが、それ以降は副交感神経が優位になります。午後になり副交感神経がどんどん優位になっていくと、筋肉が緩んでリラックス状態になるため、勉強や仕事のパフォーマンスは上がりづらくなります。

中には「自分は夜型だから、夜中の方が頭がさえる」という人がいるかもしれません。子どもでも、思春期頃になると、趣味や勉強などさまざまな理由から夜更かしが習慣化してしまうことがあります。

では、夜型の人は昼間より夜間に活動した方が、実際に作業がはかどるのでしょうか。これについては、14〜18歳の青少年を対象とした研究結果が出ています。アンケートで朝型か夜型かを調査し、それぞれの判定が出た子どもの特徴について明確な差が確認されました。夜型判定が出た子どもは、朝型判定が出た子どもに比べ、日中の眠気を訴え、怪我が多く、注意力の低下や成績不振、さらには感情的に不安定といったさまざまな問題を抱えていることがわかりました。*

これは明らかに5歳までの「からだの脳」育てに失敗してしまった結果であり、生活習慣を変えることで改善できます。生活リズムを朝型に変えるだけで、心身のさまざまな不調が治ることは、子育て科学アクシスに相談にいらっしゃる患者さんを見ていても実感するところです。

朝5時〜7時に太陽を浴びてハッピーホルモンを分泌

現時点で生活リズムが崩れているという方は、まずは早起きから始めることをお勧めします。子どもであれば、朝7時前に起こすことから始めましょう。

幼児なら好きなおもちゃなどを使い、楽しい刺激を与えながら起こすのも一つの方法です。起きたあとは日中に太陽の光を浴びさせ、夕方はどんなに眠くなっても眠らせないようにします。そうして早めに夕食を食べ、お風呂に入れれば夜8時頃には眠くなるはずです。

そうやってリズムを作っていって、最終的には遅くとも午前6時には自然に目が覚める脳を目指しましょう。

ちなみに日中に太陽の光を浴びることは、生活リズムを整えるだけでなく「ハッピーホルモン」とも呼ばれる脳内物質・セロトニンを分泌させる上でも有効です。セロトニンの分泌が不足すると、大人でも抑うつ症状などの心の病気を引き起こすことがあります。

セロトニンは、朝5時〜7時の間に太陽の光を浴びることで盛んに分泌されます。ですから、たとえ睡眠時間が同じであっても、遅寝遅起きではこの効果は得られません。

「からだの脳」は生きる上で不可欠な機能を司っていますが、それをコントロールしているのが、セロトニンが格納され、脳内の機能を司るセロトニン神経です。

セロトニン神経は、「からだの脳」の中心部にあたる脳幹に基地があります。セロトニン神経は、五感から繰り返し刺激を入れることで育ちます。

中でも重要なのが、目から入ってくる視覚刺激です。そのため、朝は太陽の光を浴びて視覚を刺激し、夜は真っ暗にして光の刺激がない状態にすることで、セロトニン神経が育ちます。

セロトニン神経が本能で感じた不安や恐怖を前頭葉につないで「大丈夫」と処理してくれるお陰で、私たちはちょっとしたことでパニックに陥ることなく、落ち着いて過ごすことができるのです。

朝ご飯で脳を育てる

睡眠のほかに、体づくりの上で大きなウエイトを占めるのが食事です。

「ちゃんと子育てをしなければ」と真剣に子どもと向き合う親御さんほど、朝から手の込んだ料理を用意する傾向にありますが、時間がなければ手抜きをして、その分を睡眠や自分の時間にあててください。イライラしながら食事を作るより精神的な余裕が生まれ、子どもと良い関係が築けるはずです。

わが家では娘の幼少期には毎朝ベーコンや野菜、チーズをたっぷり入れた簡単で栄養たっぷりのリゾットを作っていました。小学生になってからは、朝食をバイキング形式に変更し、卵焼きやハム、温野菜、主食にはパンやごはんを日替わりで置き、それぞれが自由に取り分けられるようにしました。

そうすることで、今朝は何を食べたいか、どれくらいの量なら食べられるかを娘が自分で知る訓練にもなります。

自分の食欲や体の状態をモニタリングする能力は前頭葉の働きであり、上げ膳据え膳では鍛えることができません。

ひとまず「正しい知識」を入れ、実践できる日を待つ

バイキング形式にしてからは、娘に知識として「いろいろな色の野菜をバランスよくお皿に盛ると、栄養バランスがとれるんだよ」と伝えていました。とはいえ、子どもは好き嫌いをするものです。娘も、「でもトマトって苦手なんだよね」「シイタケの食感が嫌いなんだ」と理由をつけては好き嫌いをしていました。

こうした場面で親が言ってしまいがちな一言が、「嫌いでも一口は食べなさい」というセリフ。食育の観点から見ると大事なことのようにも思えますが、小学生はまだ本能を大切に生きる原始人に毛が生えたような生き物です。原始人はトマトの酸味を本能的に毒だと感じたら、恐らく食べないでしょう。

いくら知識で伝えても体が受けつけず、無理矢理食べさせると余計に嫌いになってしまうなど逆効果です。

ですから、あくまでも知識として「トマトにはリコピンという栄養素があって、健康にとてもいいんだよ」と子どもの脳にインプットだけしておきます。

すると、後々「おりこうさんの脳」が育ったタイミングで、子どもは「トマトは酸っぱ

くて苦手だけど、お母さんが栄養豊富って言ってたし、食べてみるか」と思い立ちます。知識として脳にインプットされていた情報が教養として根づいたことで、苦手なものでも頭で必要性を理解し、食べられるようになるのです。

小学生の時は数えきれないほど好き嫌いをしていた娘も、大人になった今ではシイタケもトマトも美味しく食べます。無理強いをしなくても、子どもは脳の発達が追いついたタイミングで、必要な食べ物を自分で選び取れるようになります。

「嫌いでも体にいいから食べなさい」というのは正論ではありますが、脳育てのステップから考えると、幼い子どもに対する要求としてはまだ早過ぎる印象です。

小学生はまだまだ原始人、人間になるのをのんびりと待ちましょう。

ぼうっとしている時間に、創造力は育まれる

脳を効率的に働かせるには、必要のない時にはしっかり休ませることも大事です。

幼少期の娘は、早寝早起きの規則正しい生活が功を奏してか、基本的には保育園や幼稚園に機嫌よく通っていました。

しかし、娘の1週間の様子を観察していると、元気いっぱいで登園する週前半に比べ、

週半ばから後半にかけては時折ぐずったり、食欲が落ちたりする日があることに気づきました。子どもなりに集団生活の中でストレスを感じ、疲れが溜《た》まっているんだろうと想像しました。

ですから、休日はあえて何も予定を入れず、のんびり過ごす日を意識的に設けていました。わが家の生活の軸である早寝早起きは死守しながら、朝起きてからは子どもの好きなように過ごさせていました。

娘は起き抜けから庭に行くと、飼っていた2匹の犬と一緒に、朝から晩までのんびり過ごします。そんな時、私は「この子の脳は今、よく育っているな」と安心して見守っていたものです。

子どもが一人でぼうっとしていると、親はつい「一緒に遊んであげなければ」「友達を呼んであげよう」などと気を回しがちですが、大人があれこれ指示を与えながら目的をもって遊ばせても、子どもの脳はあまり育ちません。

むしろ、一人でぼんやりと妄想にふけっている時間に脳はよく育ちます。

妄想中の脳の働きは、脳科学の専門用語でＤＭＮ（Default Mode Network）と呼ばれます。脳内ではそれまでに蓄積された知識や経験がランダムに思い浮かび、記憶の断片が前頭葉の同じ場所で結びつくことで、神経同士のつながりであるシナプスが生まれます。

このDMNの働きにより、「ひらめき」ともいえる人間特有の創造力が育つと考えられています。特に9歳から11歳頃までの子どもに、できるだけ多くぼうっとする機会を与えることでDMNが発達しやすくなるといわれています。

現代ではスマートフォンやタブレット端末などの刺激的な媒体が身近にあるため、子どもも大人も純粋にぼうっとする時間が減っているように思います。なるべく家の中がこうしたメディアに支配されないように意識し、子どもの妄想力を積極的に伸ばしましょう。

成田娘のホンネ② 楽しいことはすべて「朝」にあった

幼少期を振り返ってみても、夜の記憶はほとんどありません。なぜかというと、その頃から「夜は寝るもの」ということが定着していたからだと思います。その代わり、朝のことはよく覚えています。

母と一緒に朝からパンケーキを焼いたりパズルゲームで遊んだり、お楽しみはすべて朝にありました。

夜になると母と布団に入り、「明日の朝食は何を食べようか」などと話しながら、「早く朝にならないかな」とワクワクしながら眠りにつきました。

＊ "Circadian preference, sleep and daytime behaviour in adolescence." Giannotti, F., Cortesi, F., Sebastiani, T. & Ottaviano, S., *Journal of Sleep Research*, Vol 11, September 2002

第3章　やる気を引き出すには観察力がすべて

成田家では「宿題をしなさい」と言ったことがない

娘が小学校低学年から、夫の単身赴任により、私はフルタイムの仕事をしながらワンオペ育児をしていました。大学に勤務していたため、会議などで遅い日は帰宅が夜8時を過ぎてしまうこともありました。遅くなる日はシッターさんにお願いし、私が帰宅する頃には娘はすでに寝てしまっているということもありました。

そんな生活ですから、平日に娘とゆっくりコミュニケーションが取れるのは、朝と早く帰宅できた日の夕方だけ。時間としては短いものですが、私にとっては娘と触れ合える貴重なひとときであり、小言を言ったり怒ったりしている暇はありません。

娘が得意なブロック形のパズルなどを競い合って解いていました。そうやって遊びながら、娘の好きなことや得意なことをしっかりと観察する時間が、娘の脳を育てる上で非常に重要だったと感じています。

一方、学校の宿題をみるようなことは一切しませんでしたから、娘は小学校では宿題忘れの常習犯でした。そうと知りながら、私はそのことで娘を叱ったりはしませんでした。学校の先生には申し訳ないのですが、娘との貴重なひとときを「宿題をやりなさい！」とまくし立てる時間に使いたくなかったのです。

嫌々宿題をやらせるくらいなら、一問でも多くパズルを解いていた方が、ずっと有意義な時間だと感じていました。

宿題よりも、好きなことを伸ばす方が脳は育つ

もちろん、学校で出された宿題はやるに越したことがありませんし、宿題そのものを軽んじるつもりは全くありません。

ですが共働き世帯が増え、ただでさえ親子の時間が少なくなっている今、学校の宿題を無理矢理やらせるために親子の貴重な時間が奪われてしまうのは、非常にもったいないと思います。

もちろん、子どもが自主的にやるのであれば問題ありませんが、宿題のことで神経質になるくらいなら、子どもが好きなこと・得意なことで長所を伸ばしてあげる方が脳育てには効果があるというのが本音です。

また、宿題をやることで就寝時刻が遅くなり、生活リズムが崩れることは、脳育ての観点からいうと非常に問題です。

子どもの自主性に任せていると、いつまでたっても終わらないため、親がつきっきりで宿題をみなければならないという話をよく聞きます。そうすると夕食の支度やお風呂など、その後のルーティンがどんどん後ろ倒しになり、就寝時刻の遅れや睡眠不足につながってしまいます。

「夢中になれること」が見つからない子どもたち

子育て科学アクシスには、中高生だけではなく、大学生以上の方もたくさん相談にみえます。

彼らからの相談で多いのが、名門大学に通っているにもかかわらず、「大学の講義に興味がわかない」「将来、やりたいことが見つからない」という悩みです。親御さんも「いい歳をして、この子は自分が将来やりたいことが全然見つからないんです」と嘆かれます。

なぜ、大学まで進学したのにやりたいことが見つからないのか。こうした悩みをもつ親御さんと会話をすると、理由がはっきりと見えてきます。

それは、親御さんがお子さんの可能性をこれまでにすべて潰してきてしまったからなのです。

親の言うことをよく聞き、親の期待通りに振る舞える子どもは、小学校から習い事に学習塾にと忙しく過ごします。学校から帰るとすぐに塾へ、塾から帰宅したら夜中まで学校や塾の宿題に追われ、朝になったらまた学校へ。

忙しい日々の中で、自分が好きなこと、得意なことを手放してしまうケースが非常に多く見られます。

あるお子さんは、もともと手先が器用で、幼少期には折り紙や段ボールの工作などに夢中で取り組んでいました。

ところが中学受験対策を始めた小学校4年生の頃から、遊びの時間はすべて塾通いや勉強にあててしまったそうです。学校や塾が休みの週末も、平日の疲れから能動的な遊びから遠ざかってしまいました。

そうした日常の中で、本人も自分の手先が器用であることをすっかり忘れてしまったのです。

「やりたいこと」のヒントは、子どもの頃の思い出にある

彼らは大学に進学したのも親の期待に応《こた》えるためであり、自分が学びたいこと、経験し

たいことがあったわけではありません。

自分の好きなことや得意なことがわからないから、どういう仕事に就きたいかもわからない。将来の目標が見つからないから、大学の講義にも興味がわかない。

結果、講義についていけなくなり、大学に通わなくなったり、中退してしまったりと無気力な学生になってしまうのです。

もし、幼少期から親が子どものことをしっかりと観察していたなら、「この子は手先が器用だから、ものづくりの才能があるかもしれない」と、何かしら将来の職業選択のヒントになることが見えていたはずです。

そこを大切に、壊さないように育てていけば、いずれ本人の中で自信になる時がきて、その自信を手掛かりにやりたいことが見つけられたのです。

好きなことや得意なことは人それぞれ異なり、そこで得られるスキルや能力も異なります。例えばプラモデルが好きな子どもなら、模型作りを通して「反対側からはどう見えるかな」と物を立体的に見る目が養われ、空間認知能力が高まります。

親がそのことに気づいたなら、ことあるごとに「あなたは子どもの頃、プラモデルを本当に上手に作っていたよね。そのせいか、今でも物を立体的に見るのが得意だね」と伝えます。すると、自分の進路を考えるタイミングで、「僕はプラモデルづくりが得意だったから、工学系の分野が向いているかもしれない」などとヒントを得ることができるのです。

子どもの「好き」を見つけるなら、とにかく観察

子どもの好きなことや得意なことを見つけるコツは、観察することです。これは子育て全体に言えることですが、とにかく観察することが大事です。

子どもが何に興味をもつかは、対象になるものがなければわかりません。最初のうちは、おもちゃでも絵本でもいくつかバリエーションを用意しておきます。

絵本であれば、一般的なものの他に仕掛けがあるものなどを用意し、おもちゃも乗り物や楽器、ぬいぐるみなど、異なるタイプのものを置き、その子がどういうものに心惹《ひ》かれ、繰り返し手を伸ばしているかを観察しましょう。

この方法は小学生にも使えますので、「自分の子どもの好きなことや得意分野がわからない」という親御さんは、ぜひ試してみてください。

親御さん自身が好きなものがあれば、こっそり忍ばせておくのも良いでしょう。子どもの横で手芸や楽器の演奏をしている時に、全く気にしないのか、近づいてきて見よう見ま

ねで一緒にやろうとするのかで興味が分かれます。

ポイントは、こちらから「与える」のではなく、あくまでも「置いておく」ことです。

部屋の中に適当にポンと置いておいて、子どもが自ら手を伸ばすものを観察します。

絵本の文字の部分に興味をもつ子もいれば、仕掛け部分が気になる子、乗り物のおもちゃを飽きもせず延々と動かしている子など、さまざまなパターンが見えてくるはずです。


興味の対象がわかったら、そこからはできるだけ物を増やさない

子どもは気に入ったものに繰り返し手を伸ばしますから、ある程度、興味や関心があるものがわかったら、そこからはできるだけ物を増やさないようにしましょう。

理由は二つあります。一つは、次から次へと物を与えてしまうと、子どもは新しい物に惹かれるため、どれが本当に好きなのかわからなくなってしまうからです。

もう一つは、子どもの脳育てにおいて、繰り返される刺激が実は非常に重要だからです。子どもの脳が発達する際、繰り返し同じ刺激を与えることにより脳の神経回路がつくられ、神経細胞をつなぐシナプスが強化されます。

そこで次々に新しい物を与えてしまうと、子どもは興味を示すでしょうがシナプスは強化されません。

繰り返しが顕著なのは絵本です。子どもは親に同じお話を何度も読んでほしいとねだります。

親の方が飽きてしまい、「そろそろ新しいお話を」という気持ちになりますが、脳育ての観点では同じ絵本を繰り返し読んだ方が良い刺激になることを意識しておきましょう。

親として新しい物を買ってあげたくなる気持ちもよくわかります。経済的な余裕のある家庭ではどうしても買いたくなるでしょうし、おじいちゃんおばあちゃんなど、周囲からのプレゼントもあるでしょうから、ある程度は仕方がないと思います。

ですから、あまり厳密になる必要はありませんが、買いたくなる気持ちをできるだけ我慢し、家に置くおもちゃや絵本の数を絞りましょう。「家のおもちゃはなるべく増やさない方がいい」ということを意識の片隅に置き、迷った時の判断基準にするだけでも違ってくるはずです。

「繰り返し」の刺激は、記憶の奥深くに刻まれる

遊びと同様、お出かけなどの体験においても、「繰り返し」の刺激が脳を育てます。

動物園や科学館などに連れて行った際、子どもが一番興奮する場所はどこかをよく観察しましょう。

子どもが何度も「また行きたい！」という場所があれば、その子にとって「好き」や「得意」のヒントがそこにある可能性が高いのです。

娘の場合は博物館が大好きで、同じ自然博物館に毎週のように通っていました。館内に入ると、常設の映像コンテンツを毎回飽きもせずに観ていました。

中でも娘のお気に入りは、人類の進化の過程を模型で紹介する展示コーナーでした。爬虫類から恐竜の進化と並べて、哺乳類が現代人へと進化する過程をじーっと眺めていました。

こうして娘の脳に繰り返しインプットされた情報は、記憶の奥深くに刻まれます。もちろん、全部を覚えているわけではありませんが、娘の場合、中学では人類の誕生などの単元はいつもいい成績を取っていましたし、高校でも「生物の授業は内容が頭にスッと入ってくる」と言っていました。

幼少期にインプットした情報と、学校の授業で学んだ内容が結びつくことで、知識が簡単に定着した結果だと考えられます。

家庭での体験と、学校や受験向けの勉強は一見関係がないように見えますが、いずれつながる時がきます。

むしろ学習塾のように、知識を詰め込むだけの教育は、身になる学習とはいえません。試験問題に出題されるところだけを羅列し、「ここだけ覚えれば大丈夫」という勉強の仕方では、その子自身を形づくる知識は得られないからです。

それよりも、幼少期から子ども自身が興味をもったものに繰り返し触れられる機会を提供することが重要です。

親がしっかりと観察し、子どもが興味をもてる体験を提供することができれば、子どもの脳はより良く育ちます。

「得意」や「好き」を見つけても、親は下心をもたない

子どもを観察する中で見つけた、その子の得意なことや好きなことは、本人に積極的に伝えましょう。ただし子どもは敏感なので、親が「こうなってほしい」と望む方向に誘導しようとすると見破ります。

多少大げさに伝えるくらいなら構いませんが、伝え方によっては、「お母さんをもっと

喜ばせなければ」と子どもがプレッシャーに感じてしまう可能性もあります。

そうしたプレッシャーを子どもに背負わせないためには、親が下心をもたないことが肝心です。

子どもの「得意」や「好き」を認めても、それをすぐに将来の職業などに結びつけ、身を乗り出して応援するのではなく、程良い距離感で見守ります。そうすれば、子どもは好きなことを伸び伸びと楽しむことができます。

娘にとって、その一つがスキーでした。娘は3歳の時に保育園から幼稚園に転園しました。最初に通っていた保育園は昼間の活動が少なく、お昼寝の時間も長いため、あまり体力を消費できず夜の睡眠の質が落ちてきていました。そこで、日中の活動が盛んな幼稚園に転園させたのです。

転園先の幼稚園では課外教室が盛んで、冬になると3泊4日のスキー合宿がありました。私自身は、リフトから上手く降りられず、機械を止めてしまうような大のスキー音痴です。家族でスキーに行くつもりはありませんでしたから、娘が希望したこともあり、「幼稚園で連れて行ってもらえるならありがたい」と参加させていました。

プレッシャーをかけずに「好き」を伸び伸び育てる

合宿は娘にとって楽しい経験だったようで、大いに満足して帰ってきました。後日、幼稚園から配布された合宿中の記録映像を見ると、おぼつかないながらも山の上からゆっくりと滑ってくる娘の姿が映っていました。

そこで、本心から「お母さんは全然滑れないのに、すごいね！」と娘に伝えると、「来年も行く！」と行く気満々に。こうして翌年以降もスキー合宿に参加することになりました。

時は過ぎ、娘が中学生の時、家族で雪山に行くことになりました。すると、驚いたことに娘が雪山の上から、颯爽《さっそう》とパラレルターンを決めながら降りてくるではありませんか。

私が知っている幼稚園の記録映像の中の娘は、楽しそうに滑ってはいましたが、決して上手ではありませんでした。それがいつの間にか、すっかり上達していたことに心底驚いたのです。

当時、娘を合宿に行かせていたのは、スキーが上達してほしいという期待からではありません。プレッシャーがなかったことで、かえって娘は自分の「好き」を伸び伸びと成長させ、親も知らない間に上達させていたのでした。

子どもの「苦手」を克服するのに役立つゲーム

子どもの苦手な部分を補うのに役立つのが、ボードゲームやパズル、クイズなどの遊びです。

市販のものがたくさん出ていますが、子どもの脳育てにもってこいです。話すのが苦手な子どもであれば、なぞなぞやクロスワードなどあえて言葉をつくるゲームを選ぶ、立体的に物を見るのが苦手な子どもであれば立体パズルを選ぶなど、子どもの苦手な部分を補えるものを選択します。

親子で遊びとして取り組むことで、子どもは劣等感を抱くことなく楽しむことができます。最初は、親は少し手加減をしながら、子どもの成長に合わせて少しずつ本気度を上げていきます。

子どもは成長が早いものですから、続けていくうちにみるみる上達していき、いずれは真剣勝負で臨んでも親が負けるようになります。

今でもたまの休みに娘が帰ってくると一緒にボードゲームをしますが、全く歯が立ちません。娘は「私は空間認知が得意だから」と言いますが、それは幼い頃から私が繰り返し伝えてきたことであり、そんな親の言葉が子どもの自信につながると考えています。

期待せず、常に諦める覚悟をもっておく

親が子どもの将来に対し、「こんなふうに育ってくれたらいいな」と何らかのイメージを抱くこと自体は構いません。その代わり、いつでも「諦める」覚悟をもっていてください。

子どもは気まぐれですから、好きで始めたことでもすぐに飽きたり、他のことに興味が移ったりする可能性があります。ましてや、それを将来の職業にしようと思ったら、実現する可能性はグッと低くなります。

だからといって、子どもが「将来はピアニストになる」と夢を語った時に、「それでは食べていけない」「あなたには別の仕事が向いている」などと否定すべきではありません。子どもの思いを受けとめつつ、実現しない可能性も頭で理解しておきます。

特にアーティストやスポーツ選手など、一握りの人しかつかめない夢であれば、どうしても実現しない確率は高くなります。ですから、子どもの希望通りにいかないパターンをシミュレーションし、そうなった際に必要な知識を子どもにあらかじめインプットしてお

く必要があります。

ピアノの例でいうと、子どもがピアニストを目指しているなら、将来は音楽大学に進学する可能性が考えられます。その場合、大学までは経済的な援助ができたとして、卒業後はどうなるか。家計のことを考えた時に、卒業後の資金援助はできそうにないとします。

演奏家として成功するのは確率的に相当難しいので、生活の糧を得るにはアルバイトや副業をする必要性もあることを伝えておきます。あるいは、少ない収入の範囲内でも生活できるよう、倹約のスキルを身につけさせておくことも一つの方法です。

例えば、キャベツ一玉を腐らせずに丸ごときれいに使い切ることも、親が子どもに教えられる大事なスキルです。高収入を得られなかったとしても、生活の基盤さえしっかりとしていれば、社会からドロップアウトすることなく堅実に生活していけます。

「生活の軸」があれば、大人になっても堅実な生活を送れる

そこで子育て科学アクシスで提唱しているペアレンティング・トレーニングの出番です。ペアレンティング（Parenting）は直訳すると、「養育・親の子育てのやり方」という意味です。しかし、私たちはこの言葉を「親など周囲の大人が子どもに与える、脳を育てる生

活環境」という意味で使っています。

ペアレンティング・トレーニングにおいて、私が最も重視しているのが、ぶれない生活の軸をつくることです。

生活の軸とは、早寝早起きや十分な睡眠、食事や家事など、家族が日常生活を送る上で欠くことのできないものを指します。子どものうちに生活の軸をしっかりと築くことは、親が子どもに教えるべき最も大事なことです。

生活の軸が自分の中にあれば、大人になってからも自立した生活を送ることができます。将来、どんな職業に就いたとしても、自分の身の回りのことは自分でやらなければなりません。

芸能界など華やかに見える業界であっても、炊事洗濯などの最低限の家事は自分でやる人がほとんどでしょう。そこで堅実に生活できる人と、きらびやかな世界に足をすくわれ、身を滅ぼす人との違いは、生活の軸の有無だと思います。

「ピアノを上手に演奏できる」「野球の練習に励んでいる」というのは、生活そのものから見ればプラスアルファの要素でしかありません。

生活の軸を子どもの中につくった上で「あなたは本当にピアノを演奏するのが好きね」

と言うのと、生活の軸を子どもの中につくらず「この子は将来、絶対ピアニストになるはず」と期待しながら言うのとでは、伝え方も受け取り方も全く変わってくるはずです。

観察するためには、子ども部屋はなくてもいい

日本では小学校入学のタイミングに合わせて子ども部屋をつくり、ベッドと勉強机を用意する家庭が多いと思います。

ただ、これは日本特有の文化で、欧米では赤ちゃんのうちから親と子どもが寝室を分けるのが一般的です。子ども部屋には学習机などは置かず、「寝室」の機能しかないため、小学生くらいまでは自室にこもって勉強するという習慣がありません。

わが家にも、子ども部屋がありません。

家を建てる時には、アメリカ在住時代によく遊びに行っていたアメリカ人の友人宅をお手本にしました。友人の家には、リビングルームと呼ばれるゲスト用の部屋の他に、いわゆる日本のリビングにあたる家族がくつろぐための「ファミリールーム」、さらに家族が勉強するための「スタディルーム」という部屋がありました。スタディルームには家族それぞれの机が並んでいて、子どもの勉強や宿題なども親がそこで見ていました。

わが家でもこのスタディルーム形式を採用し、帰国後、現在の住まいを建てる際、家族3人分の机を横一列に並べた部屋を用意しました。ただし、娘が成長し「自分の部屋が欲しい」と言い出した時のために、2階リビングの一角を必要に応じて個室にできるよう、可動式の間仕切りを設置しておきました。

さて、娘が思春期を迎えた頃、「ここを個室にできるけど、どうする?」と尋ねると、「ここに壁ができると、ご飯を食べながら筑波山の景色が見えなくなるからヤダ!」とあっさり断られました。

最近になって当時の心境を聞いたところ、「それまでの経験から、お父さんとお母さんが私のテリトリーを侵略することは絶対にないってわかっていたから、個室の必要性を感じなかったんだよね」と言っていました。

そういうわけで、娘には中学・高校時代はもちろん、浪人時代でさえ自分の部屋がありませんでした。

子どもを横目で見る距離感がちょうどいい

このようにわが家の場合、「子ども部屋は絶対につくらない」という強いポリシーがあったわけではなく、娘の意見を踏まえ、結果的に子ども部屋がない家になったのでした。

もしお子さん自身が強く望み、部屋数に余裕があるのであれば、子ども部屋は必要に応じて与えてもいいと思います。

ただ、子どもの生活を観察するためには、親の目が届くところで子どもに生活をしてもらう方が親にとっては都合がいいといえます。

低学年のうちはリビングで宿題やゲームをしていた子どもも、年齢が上がるにつれて自室にこもる時間が増えていきます。

共働きの家庭ではただでさえ親子が触れ合う時間が限られているのに、そこで子どもが自室に入ってしまったら生活の時間をほとんど共有することができず、その子が今どういうことに興味があり、どのような発達段階にいるのかが全く見えてきません。

家事に仕事にと忙しい日常の中では、わざわざ子ども部屋に様子を見に行く時間をつくるのも一苦労です。料理をしたり、洗濯物を取り込んだりと家の中をウロウロする中で、リビングにいる子どもの様子を横目で見られるくらいの距離感がちょうどいいと思います。

子どものスマホを覗くと深刻な亀裂に

本人の意思とはいえ、思春期になっても個室がなかった娘。スタディルームの彼女の机の上には、常に私物がゴチャゴチャと積まれていました。娘と私の机は横一列につながっていたため、手を伸ばせば親の私が何でも触れるし見えてしまうような状態です。それでも娘が無頓着でいられたのは、私が彼女の留守中に勝手に机を捜索しないし、何も触らないことを知っていたからです。

私のもとに相談に来られる親御さんの中には、子どもの留守中に子ども部屋を徹底的に捜索するという方が高頻度で現れます。

特に最近の相談で多いのが、スマホ問題です。親が掃除と称して子ども部屋に入り、子どものスマホを勝手に覗《のぞ》くというもの。

親御さんが「娘のスマホを見たら、こんなことが書いてあって」とスマホを覗いたことを前提に話を進めるので、驚いて「スマホを勝手に見るんですか?」と尋ねると「だって心配ですから。子どものことを知りたいと思うのは親として当然ですよね」と正当性を主張されます。

結論からいうと、親が子どものスマホを勝手に見るのは論外です。

子どもは不満に思っても、幼いうちは言葉や力で親に負けてしまうので逆らえずにいます。しかし、高校生くらいになると強く反発するようになり、親子関係に深刻な亀裂を生むことも珍しくありません。

監視ではなく対話で言葉を引き出す

このように「心配」という言葉を盾にして、子どもの人権を侵害してしまう親御さんは残念ながらいます。

知りたいことがあるなら、会話を通して聞き出してほしいと思うのですが、そういう親御さんに限って生活の中での会話がほとんどないことがあります。そんな環境で育てば、子どもは簡単に人間不信になりますし、親子の間で信頼関係が築けることはないでしょう。

娘の様子を生活の中で観察していると、学校から帰ってきた時のちょっとした表情や雰囲気の違いで、「今日、学校で何かあったのかな?」と気づくことがあります。

そうして何気なく会話をする中でちょっと突《つつ》いてみると、娘は自分から学校であったことをポロポロと話し始めていました。

私の場合は仕事柄、相手の言葉を引き出すことに慣れている部分もありますが、これは特別なテクニックではなく、むしろ親とは本来そういうものだと思っています。

この、「子どもの言葉を引き出す」は、ペアレンティング・トレーニングでは最重要項目の一つです。

コツは「オウム返し」と「自分の正論は封じる」です。

大人から見れば稚拙な考えから出る言葉であったとしても、そこに正論を挟まず「ふ〜ん。〇〇だって思うんだね」とオウム返しをする。

これで「認められた」「受け止められた」と思った子どもは、問わず語りに自分の言葉で考えを語り出します。

信頼関係が崩れると、子どもはスマホ依存になる

親が子どものスマホを覗く弊害は、親子の信頼関係を崩すだけではありません。

親が自分のスマホを覗いていると気づいたら、子どもはスマホを手放さなくなります。家の中でも四六時中、肌身離さず持ち歩くようになり、結果としてスマホ依存になってしまう可能性があります。

だいぶ前ですが、「夜、ベッドに入っても寝付けない」という中学生の女の子が相談にやってきました。

話を聞くと、毎晩必ず枕元にスマホを置いて眠っているとのこと。寝室にスマホを持ち込むと、それだけで睡眠が浅くなることはさまざまな研究により明らかになっていること を伝えると「そうですよね。本当はダメだってわかっているんです。でもうちでは無理なんです」と答えます。

彼女は、「以前はリビングに置いて寝ていたのですが、ある時、母が友達とのＬＩＮＥの内容とかを把握していて、もしかして……と思ったんですよ。それから、怖くて手放せなくなりました」と言うのです。

本人も本当に睡眠の質を良くしたいと思っていたので、自分なりに考えてスマホを自室のクローゼットの奥に隠すようにしたら、寝つきも良くなり、熟睡できるようになったそうです。

対処法としてはこれでいいのでしょうが、親子関係としてはとても残念です。

本来であれば、娘さんがそんなことをしなくても済むよう、家族の中で信頼関係を築くべきです。その方が親も子どもも、ずっとラクで快適に暮らせます。

子どものスマホを覗くことは信頼関係を破壊する行為だと心得て、親はどんなに不安でも、絶対に見ないようにしてください。

成田娘のホンネ③　遊びの中で見つけた発見が学びに

小さい頃から、親によくパズルを買ってもらい遊んでいました。

さまざまな形のブロックを組み合わせ、所定のケースにピッタリはめる私を見て、「私は全然できないのに、あんたはすごいね」と母に驚かれたことを覚えています。私としてはただ夢中になって遊んでいただけなのですが、母から「あんたは絵を描いたりパズルを解くのが上手だから、直感的に目で捉えることが得意なんだね」と指摘されてからは、自分でも意識するようになりました。

授業でノートをとる際には自分なりに図や絵に落とし込んだり、受験では有機化学など論理パズル感覚で解ける問題を得点源にしたりするなど、遊びで見つけた得意分野を勉強にも活かすことができました。

反対に私が苦手だったのが、自分の気持ちを言語化することです。小学生の頃から読書感想文は大の苦手、ディベートの授業でも自分の意見を上手く言葉にできませんでした。

私が高学年になった頃、見かねた母が新聞を使ったトレーニングを開始しました。やり方は新聞の社説欄の内容を140字以内で要約し、さらにその感想を母に伝えるというもの。

社説は小学生にとっては難解で、最初は制限字数に収めることすらできませんでした。母からのダメ出しも多かったのですが、その中でも「内容はまとまっていないけど、今日は140字以内に収められたね」「論理的ではないけど、自分の意見をしっかりと言えたね」など、できている部分を認めてもらえたことがやる気につながりました。

何より社説に書かれた内容について、2人でディスカッションをする時間が楽しかったです。

とはいえ、国語の成績は相変わらず悪かったですし、この訓練が勉強に直接役立ったわけではありません。それでも、毎日繰り返しトレーニングを行うことで、文章全体の流れが感覚的につかめるようになり、少しずつ要点をまとめたり、自分の意見を伝えられたりするようになりました。

脳が成熟した今では、「あの社説はこういう構成になっていたんだな」と理解できますし、あの時の訓練が現在の私の論理的思考力や言語化する力の基礎をつくっていると実感します。

第4章　無理せず合格できる！　省エネ勉強術

何よりもまず、子どもの意思を尊重する

中学受験をする家庭は年々増えています。

特に首都圏では、中学受験を選択する人が増え、首都圏模試センターの調査によると、2024年の首都圏における私立・国立の中学受験者数は推定5万2400人、小学6年生全体に占める割合は18・12％と10年連続で上昇し、過去最高を記録しました。

中学受験という「一つの目標に向かって必要な努力をすること」は、「こころの脳」の働きであり、受験のみならず、その後の人生でも大いに役立つ経験と言えます。

一方、志望校合格に向けたハードな塾通いや親からの過干渉は、子どもが勉強嫌いになり、心身を病んでしまう危険性を孕《はら》んでいます。

そうした中学受験のメリットやリスクを正しく理解しながら、ご自身のお子さんの特性と照らし合わせ、しっかり検討されることをお勧めします。

そこを疎かにした結果、超難関校に進学したにもかかわらず、入学後に不適応を起こし、不登校や体調不良などの症状を訴える子どもをこれまでにたくさん見てきました。

彼らが口をそろえて言うのが、「今通っている学校は、本当は志望していなかった。塾

の先生や親に言われて嫌々受験した」というセリフです。

親や先生に言われるがまま受験し、仮に合格できたとしても、本人の中に学校に通うモチベーションがなければ、入学後にドロップアウトする可能性は高くなります。そもそも、その学校に楽しく通う自分の姿を想像できなければ、受験勉強のやる気も起きません。

ですから中学受験を選択するのであれば、何よりもまず子どもの意思を尊重することです。

その上で、小学生の子どもが志望校の選択から願書の提出、受験までをひとりでやり切ることは現実的ではありませんから、必要に応じて親がしっかりとサポートをしましょう。

中学受験のメリットとデメリットをフラットにプレゼン

まずは中学受験をするかどうか、つまり公立中学に通うのか、私立・国立中学に挑戦するのか、子どもの意思を確認します（ここでいう公立中学とは、試験を受けずに入る地域の学校のことで、中高一貫教育校のことは指しません）。

その際、子どもの判断材料となる情報として、それぞれのメリットとデメリットをきちんと説明しましょう。親としては、どうしても自分の進学してほしい学校のメリットばかり強調してしまいがちですが、そこはグッと我慢して、フラットな視点からプレゼンしてください。

メリットばかりを伝え、デメリットを伝えなかった結果、「こんなはずではなかった」と入学後に辛い思いをするのは子どもです。親として「ここの校風は、うちの子に合ってそうだな」などとイチ押しの学校をもつこと自体は悪くありませんが、それを押しつけてしまわないよう気をつけます。

その上で、次のように話しましょう。

まず、公立中学の最大のメリットは受験勉強をする必要がなく、小学校6年間を伸び伸びと過ごせることです。その地域に住む生徒であれば、子どもの学力や親の経済力に関係なく、誰でも進学することができるため、多様性に富んだクラスメイトに出会えることや、教育にかかるコストが低いこともメリットに挙げられます。

しかし裏を返せば、たまたま同じ地域に住んでいるという理由だけで機械的に生徒が集められているため、気の合う友達と出会えるかは運次第とも言えます。

一方、私立・国立中学の場合、まず受験が必要になることは、勉強嫌いな子どもにとってはデメリットと言えます。また、私立であれば受験料に加え、公立よりも高額な授業料が必要になります。

校風や偏差値によってある程度、似通った子どもたちが集まるため、多様性の面では公立に劣りますが、自分に合った学校を選べば居心地がよくなる可能性は高いと言えます。

さらに中高一貫校であれば高校受験をしなくて済む他、公立に比べ、部活動や課外活動の幅が広く、学校設備・施設が充実している点もメリットと言えます。その分、学費が高いことはデメリットとなります。

学費を通して経済教育を行う

お金については家計の問題であり、「そこまで子どもに話す必要があるの？」と思われるかもしれません。しかし、仮に家計に十分な余裕があったとしても、経済教育という観点から考えるのであれば、きちんと説明しておくことが重要です。

わが家では娘が私立中学に入学する際、「あなたがこれから通う中学には、公立中学よりはるかに高い授業料が必要です。自分にかけてもらう費用に見合った効果を得るにはどうしたらよいか、自分で考えながら学校生活を送りなさい」と伝えました。

すると、何を思ったのか娘は自分で1回あたりの授業料を計算し、「うちの学校って1

回の授業が350円もかかるんだよ！　寝られないしサボれないね」と言っていました。

実際には学校を休んだこともあれば授業中に居眠りをしたこともあったようですが、それでも入学早々、そのような金銭感覚をもてたことは非常に良かったと思います。

私は大学で教鞭《きょうべん》を執っていますが、大学生になってもそうした金銭感覚の乏しい学生が多いように見受けられます。小学生のうちから自分の教育にかかるお金について知っておくだけでも、学校生活で得られるものは大きく変わってくるはずです。

中学受験を機に家庭で経済教育をすることは、決して早過ぎるということはないのです。

中学受験は子どもの実力×相性で選ぶ

中学受験を選択するのであれば、まずは候補となる学校を親の方でいくつかピックアップしましょう。

寮生活を選択肢に入れない限り、通常は家から通える範囲の学校が候補に挙がります。その上で、子どもの学力と特性に見合った学校を選ぶことが重要です。

公立中学の場合、文部科学省の学習指導要領に沿って、どの教科もクラスの平均値に合わせて一律の進度で習いますが、私立の場合は学校ごとに独自カリキュラムを組むなどの特色があります。子どもの能力を観察し、得意分野と苦手分野の差が顕著な場合は、子どもの得意分野を伸ばし、苦手な部分は優しく包み込んでくれるような自由な校風やカリキュラムの学校の方が上手くいく可能性が高くなります。

例えば、国語が苦手で言語構成能力は低いけれど、数学は得意で授業で習う内容は余裕で解けてしまう子どもの場合、公立中学では数学の授業が物足りなく感じられるため、授業を「退屈なもの」として真面目に聞かなくなる可能性があります。

そのことを学校の先生や親に指摘されても、言語構成能力の低さから自分の気持ちを上手く表現できず、イライラが暴言になってしまうというケースが、実は非常に多く見られます。

こうした観点から子どもの特性をよく観察し、偏差値だけを学校選びの基準にするのではなく、学校の特色もしっかりと調べてほしいと思います。「この学校の校風は自分の子どもに合っているな」と感じたら、いわゆる難関校でなくても候補に入れていきます。

偏差値だけで志望校を選んではいけない理由

学習塾に通っているお子さんの場合、志望校選びの主導権を塾に奪われてしまう傾向があります。

その子の特性をきちんと見極めてもらえるなら良いのでしょうが、集団の中で「上から数えて何番目」と偏差値だけを基準に第1志望から滑り止めまでを割り振られてしまう場合、その子に本当に合っている学校とは言い難いものになってしまいます。

「そうは言っても、やはり子どもには少しでも偏差値の高い学校に進学してほしい。その方が就職も有利だし、その後の人生でも何かと得に決まっている」と信じてやまない親御さんをこれまで数えきれないほど見てきました。

ご自身が高学歴で成功した人生を歩んできたからこそ、子どもにも同じ道を歩ませたい。あるいは自分はそうでなかったから、子どもの人生でリベンジをしたい。

理由はどうあれ、高偏差値の学校に進学したからといって、子どもが幸せな人生を歩めるとは限りません。

そもそも、小学生の子どもの心身に大きな負荷をかけてまで、実力よりはるかに高い偏差値の学校を目指すことに何の意味があるのか、私にはわかりません。

それでも第1志望の学校に受かればまだいいですが、第2志望、第3志望の学校にしか受からず、しかも校風も合わないとなると、学校に通うモチベーションが著しく低下し、入学後に不適応が起こりやすくなります。

ですから、そこは塾の先生が何と言おうと、必ず親から見て自分の子どもに合う学校を選んでください。

「建学の精神」とオープンキャンパスで相性を見極める

偏差値だけを基準にしてほしくない理由はもう一つあります。

それは、学力だけが学校で習得できる唯一の能力ではないからです。

学校生活は人間形成にも重要な役割を果たします。部活動や課外授業、先生や友達とのコミュニケーションなど、学校生活全般で得られる経験は、その後の人間形成に大きな影響を与えます。

偏差値では測れない、そうした校風や特色をどのように見極めればよいのか。

一つは、私立中学の特徴でもある「建学の精神」を確認することです。学校のパンフレットやホームページに掲載されている「建学の精神」では、その学校がどのような理念に基づき、子どもたちをどう育てていくのかを世間に対して謳《うた》っています。

それを体現できているかどうかは、オープンキャンパスや学校説明会などに参加し、自分の目で確かめる必要があります。

実際に通っている生徒の雰囲気や校風を見る他、自分の子どもの様子もそれとなく観察します。その結果、わが子に合っていると感じたら「今日、すごく楽しそうだったね」など、子どもの気持ちを言語化するサポートをしてあげることも重要です。

中学受験は「こころの脳」を育てる絶好のチャンス

娘が進学した私立中学は、偏差値だけを基準にするなら、いわゆる「いい学校」ではありませんでした。

むしろ学力偏重の教育に異を唱え、テントを担いで山に登りキャンプ泊をしたり、海で4キロの遠泳をしたりと一風変わった課外活動を行っていて、「これは面白そう。うちの娘にも合いそうだな」と思ったのがはじまりでした。

実際に娘とオープンキャンパスに参加したところ、「すごく楽しそう！　この学校に行く！」と本人もすっかり魅了され、受験をすることになりました。

受験することが決まったら、落ちた場合のシミュレーションをさせておくことが重要です。

どんなに合格の可能性が高いと思っていても、当日のコンディションや不測の事態によっては、実力を発揮できないこともあり、100%合格する確証はどこにもありません。

娘には「受験には合格と不合格があり、不合格になると志望校には通えません。ただし、公立中学には通えるので浪人する心配はないよ」ということを繰り返し伝えていました。

娘は「絶対、あの学校に行きたいから頑張るよ。でも、もし合格できなくても○○ちゃんと同じ公立中学に通えるから、まあいっか」と、小学校で仲のいいお友達の名前をあげてシミュレーションしていました。

「こころの脳」が育ってきた子どもにとって、こうした想像力を必要とするやりとりを繰り返すことは、「打たれ強い心」をつくる良い刺激になります。

入試に落ちた時のことを想像し、「落ちたら辛いから、合格するためにできるだけの努力をしよう」と自分の頭で考え、「こころの脳」を鍛えられることこそ、中学受験の最大のメリットだと実感しています。

受験勉強が苦痛なら、志望校が合っていない可能性も

入試には必ず出題のパターンや解き方のテクニックがあります。過去問題を解いていれ

ば傾向と対策がわかりますから、そこさえ押さえれば正解することができます。上位校では難易度が上がるものの、基本的には同じです。

問題文を読解して条件を整理し、視点を変えながら旅人算やつるかめ算を駆使して問題を解く。その過程には論理的思考力や問題解決能力が求められます。

私は毎年、受験シーズンになると、新聞で入試問題を見つけては、推理クイズに挑戦するような気持ちでワクワクしながら解いています。

そうしたロジック問題を本質的に楽しめるタイプの子どもであれば、入学後もドロップアウトすることなく勉強を楽しめるはずです。そうではなくて、受験に必要なテクニックだけをひたすら覚えて解いている子どもの場合、入学後に不適応を起こす可能性が高くなります。

難関校の中には、毎日のように膨大な量の宿題が出され、やり終えるのに毎晩2時までかかるという子どももいます。

そういう子に話を聞くと、猛勉強の末、なんとか第1志望の学校に合格できたものの、入学後に周りの生徒の優秀さを目の当たりにして「自分とはレベルが違う。結局、自分にはこの学校でやっていけるだけの適性がなかったんだ」と言います。

そんなふうに惨めな思いをしながら中高6年間を過ごすのは、本人はもちろん、親としてもやり切れないものです。

こうした話からも、偏差値だけで学校を選ぶことが、いかに危険であるか、わかっていただけると思います。

娘は短期決戦の末、無事志望校に合格することができました。入学後は、毎日「最高に楽しい！」と、ルンルン気分で学校に通っていました。

難関校と違って、周りに際立って優秀な子がいるわけでもなく、自分と同程度の学力の子に囲まれ、和気あいあいとした学校生活を送っていたようです。

「少しでも偏差値の高い学校に通わせたい」という親のエゴを優先させた場合、子どもがその後の人生で大きな代償を払わされる可能性もあることを理解しておきましょう。

小学生の可処分時間は限られている

本書では、子どもの脳育てにとって早寝早起きや十分な睡眠といった生活の軸をもつことが、いかに大切であるかをお伝えしてきました。お子さんが未就学児の間は、生活の軸をぶれさせないことはそれほど難しくないはずです。

しかし、子どもが小学校に上がると、子どもを取り巻く環境がにわかに忙しくなります。学校での授業に加え、宿題や学童保育、4年生頃からは、中学受験に向けて塾通いを始める子どももいるなど、どうしても生活の軸がぶれてしまいがちです。ここからは、忙しい毎日の中でも生活の軸をぶれさせることなく、子どもの脳をしっかり育て、勉強する力を育むポイントを紹介します。

まずは小学生の1日の時間配分を見てみましょう。

睡眠時間を9時間とすると、子どもが起きて活動している時間は15時間です。そのうち、学校で過ごす時間が約8時間、食事やお風呂などのルーティンに費やす時間が約3時間だとすると、子どもが自由に使える時間は4時間になります。その中から放課後に友達と遊ぶ時間を差し引くと、残りはたったの2時間程度。

その貴重な2時間を、いつ、どのように使うかが子どもの脳育てを左右します。

学習はタイマーで5分から

自宅で子どもに学習させるなら、子どもが集中できる時間は「学年×5分」と心得ましょう。小学1年生なら、5分間集中できれば十分です。5分をどのような勉強に使うかは、子ども自身に決めさせます。勉強計画を立てることも「こころの脳」の育ちを促します。

子どもが「計算ドリルを1ページ解く」と言ったとします。実際の宿題は3ページかもしれませんし、親としては「5分あれば、2ページは解けるんじゃない?」と思うかもしれません。

しかし、そこはひとまず子どもの決めた計画を尊重し、実際にドリルを解き終わったら「あっという間に1ページ解けたね!」と子どもができたことを認めてあげます。

そうすると子どもはうれしくなって、「まだ時間があるから、もう1ページ解こうかな」と言い出したりします。

本人が5分を超過しても引き続き解きたいというのなら、もちろん続行して構いませんが、学校から出された量を必ずやり終えようと思う必要はありません。

たとえ途中であっても、子どもが「疲れたから今日はここまでにする」と言い、約束の5分を集中できたのであればそれで良しとしましょう。

小学生になっても、やはり一番大事なのは生活の軸です。宿題をはじめとする勉強は、24時間から生活の時間を差し引き、余った時間で行うものと心得ましょう。

勉強するなら夜よりもぐっすり眠った翌朝

宿題に限らず、子どもに勉強をさせるなら、断然朝がお勧めです。

私自身、医学部を目指していた高校時代は夕方6時に就寝し、午前1時前後に起床してから朝6時までの時間を受験勉強にあてていました。

当時は「なんとなくその方がはかどるから」という理由で行っていましたが、脳科学の研究者としての知見を積んだ今なら、そこに正当性を見出《みいだ》すことができます。

人間にとっての睡眠は、体や脳を休ませることはもちろん、脳を効率よく働かせるためにも不可欠です。ぐっすり眠った直後の脳はすっきりと整理整頓され、新しい知識を入力する準備が整っています。

具体的には、小学生なら1日あたり約9時間の睡眠時間をとることで、日中に取り入れた膨大な情報を何とか処理して整理することができます。

睡眠時間がこれを下回ると、脳内ではせっかく学んだ新しい知識や情報が整理されないまま、翌日に持ち越されます。そこへさらに新たな知識を投入しても、整理されていない脳は混乱してしまうだけで、勉強の効率は悪くなります。

そもそも脳は疲れやすい臓器です。朝から学校で、勉強に遊びにと活発に過ごす子どもの脳は、たくさんの人とかかわることで前頭葉が疲弊し、夕方にはヘトヘトになります。さらに夕食を食べたあとは消化吸収を助けるために全身の血液が一時的に胃腸に集まり、脳の血流が足りなくなります。

そんな状態の脳に、勉強というさらなる負荷をかけても、はかどるはずがありません。それならさっさと寝てしまい、脳をリセットして翌朝クリアな脳で勉強する方が、よほど効率よく新たな知識を吸収できます。

時間配分を決めることで、脳の処理速度は自然と上がる

実際、「夜中にやると2時間かかる勉強や作業が、朝取り組んだら半分の時間で済んでしまった」という経験をしたことがある方も多いでしょう。

朝は脳がクリアなことに加え、通勤・通学などおしりの時間が決まっているため、脳の作業速度が自然と上がります。この、決められた時間内での脳の作業速度のことを、脳科学では「処理速度」と言います。

脳の処理速度は、一日中時間を決めずにダラダラと勉強していても上がりません。決め

られた時間内で頭をフル回転させ、情報を処理していくことで鍛えられます。

普段は丁寧にノートをつくる人でも、「家を出るまでにこの単元を終わらせたいからスピードを上げよう」と焦りが生まれる中で自ずと作業スピードが上がります。また、「残り時間で解けそうにないから、この問題は明日に回して、今日は次の問題を解こう」と、テスト本番のように時間配分を考える訓練もできます。

宿題にしても、夜だと親に口うるさく言われないとやらない子どもが、朝は「学校に遅れないように」と自分で集中して終わらせようとします。親は進捗《しんちょく》を確認する手間が省ける上、子どもの脳の処理速度も鍛えられて一石二鳥です。

受験生の子どもがゲームばかりしていたら

受験を目前に控えた子どもが勉強もせずゲームばかりしていたら、「この調子だと合格は難しいだろうな」と親から見てもわかると思います。そんな時、親はどうするか。

無理矢理ゲーム機を取り上げたり、中にはゲーム機を壊してしまったりする親御さんもいましたが、そこまでして本人が行く気のない学校に合格させる必要性を私は感じません。

子どものやる気が全く見られないようであれば、まずは親として不合格になる覚悟をしておきます。その上で、客観的な事実として、合格する可能性が低いことを子どもに伝えておく必要があります。

「あなたはゲームばかりしているから、この調子だと第1志望の学校に合格することは難しいと思う。ただ、第2志望の学校であれば、あなたの学力なら少し勉強すれば合格できると思う。あなたもオープンキャンパスに行った時には、気に入っていたよね。まだその気持ちがあるのなら、今からでも集中して勉強すれば十分間に合うと思う。もし勉強するつもりがあるなら、その間はお母さんがゲーム機を預かっておくこともできるよ」

と一旦、引導を渡しておきます。

小学校高学年であれば、子どもによっては「じゃあ預かっておいて」と自分から言ってくる可能性も十分あり得ます。

不合格は人生における失敗ではない

先を見通し、たとえ気が進まなくても目標達成のために必要な努力をすることは、まさしく「こころの脳」の働きです。「こころの脳」が機能することで、はじめて受験に向き合えるのだと思いますが、脳の発達には個人差がありますから焦りは禁物です。

それができないのであれば、中学受験は一旦諦め、3年後の高校受験のタイミングまで子どもの脳が育つのを気長に待ちましょう。

冷たい言い方に聞こえるかもしれませんが、まだ十分に発達していない脳に無理矢理知識を詰め込むより、長い目で見ればその方が脳育てにはいいと言えます。

中学受験の合否は、人生の成功と失敗に直結するわけではありません。仮に、志望校にすべて落ちてしまったとしても、公立中学という受け皿があるわけで、浪人の可能性もある高校受験や大学受験とはリスクが違います。

受験に落ちれば傷つき、ショックを受けるでしょうが、だからと言って「もう学校になんか行かない」となる子どもはほとんどいません。

悲しみという情動を「こころの脳」の働きで前頭葉につなぎ、「志望校には行けなかったけど、受験勉強で学んだことはこの先の人生でもきっと役に立つはず」「公立中学なら、小学校の仲良しグループとまた一緒に通える」などと、なんとかいい方向に考えようとします。

一時的には辛くても、長い目で見れば「こころの脳」の発達を促す経験として、子どもにとって大きな成長の糧となり得ます。

小学生からのタブレット学習、アリ？

最近、講演会の質疑応答などでよく聞かれるのが、子どもがスマホやタブレットなどのデジタル機器を使用することについての是非です。

ＩＴは今や私たちの暮らしになくてはならないものです。いくら家庭で子どもに禁止しようとしても、学校や友達などの影響を考えると、全く触れさせないというのは現実的ではありません。教育におけるＩＣＴ（Information and Communication Technology）化も進み、小学校では一人に一台タブレットが支給され、授業で活用されています。私自身、教育にＩＣＴを用いることにはむしろ賛成です。

例えば辞書一つをとっても、昔は紙の辞書一択だったのが今では誰もが電子辞書を使うように、情報収集という点において電子媒体は非常に有用です。

特に、膨大な知識量が求められる試験などにおいて、ＩＣＴの活用は理に適っています。これはどの分野にも言えることですが、ある分野の専門性を習得しようと思ったら、いかに効率よく、自分の中に情報を統合できるかが鍵を握ります。

例えば医師国家試験などは、医学の進歩に伴い、新たな知見や新薬の情報がどんどん増え、私が受験した当時とは比べ物にならないほど知識量も難易度も上がっています。

となると、私の時代にやっていた、分厚い過去問をひたすら解くというアナログな勉強法ではインプットが追いつきません。

学校でもＩＣＴ教育に力を入れているのは、それが学習する上で重要なツールであり、スキルだと認識しているからでしょう。授業の中でタブレットを使用して検索する、あるいは集めた情報を記録して整理する、共有するといったスキルは勉強でも仕事でも役立ちます。

先生も、以前は一人ひとりの席を回って進捗状況をチェックしていたのが、今ではメインの端末に全員のデータを集約することで、席を回る時間が節約できます。そうして生まれたゆとりを、より有益な学習の時間にあてることができるのです。

「こころの脳」が育てば、自分でメディアコントロールできる

では、何歳になったらスマホやタブレットを自由に使わせてもいいかというと、「こころの脳」が育ったタイミングです。

そもそも、大人と子どもの違いは何でしょうか。社会生活をきちんと送っている大人は、

自分の中でやるべきことの優先順位がつけられます。朝9時に仕事が始まるから8時までに家を出よう。出社後、午前中はミーティングがないから、来週提出予定の企画書を作成しよう……などと自分でタスクを管理し、計画的に行動することができます。

そうして、やらなければならないタスクを処理した上で、「今日は早く帰って、ドラマの続きを観よう」と自分の時間を楽しむことができます。こうした脳の働きを司るのが、前頭葉である「こころの脳」です。

前頭葉が育てば、自分の欲求を抑制できるようになります。「こころの脳」は一般的に10歳前後で育つと言われていますが、個人差があるため10歳という年齢は一つの目安に過ぎません。10歳になったからと言って一概に育っているとは言えず、自己管理ができるかどうかは子どもの様子を観察することでしかわかりません。

スマホの管理を親に頼める子の脳はよく育っている

ある小学6年生の女の子の例です。彼女は、中学受験の勉強中にスマホが気になって全然はかどらずに悩んでいました。

勉強の集中力が途切れた際、気分転換のつもりで見始めたスマホが止められず、1時間、

2時間と無為に過ごしてしまうのです。

そこで彼女は、自ら母親に「勉強中はスマホを預かっておいて」と申し出ました。そうして勉強が一段落したら母親からスマホを返してもらい、15分だけスマホを見る。休憩が終わったら、再び母親に預けるということを繰り返したそうです。

実は彼女は、その1年前までは生活リズムが不規則で体調が優れず、親子関係も非常に悪い状況でした。そこで、ペアレンティング・トレーニングを通して、ぶれない生活習慣を確立することの重要性を本人に理解してもらい、少しずつ生活を整えていきました。

定期的に子育て科学アクシスで自律神経機能の測定をして改善を図っていった結果、次第に彼女の体調や精神状態が良くなり、同時に親子関係も改善していきました。

そうして、自分ではまだスマホの利用時間をコントロールできないけれど、その事実を客観的に認識できるようにまでなったのです。母親にスマホを預けることを自ら申し出ることができた時点で、彼女の「こころの脳」は最終形態になったと言えます。

二人三脚でスマホとの適切な付き合い方を学ぶ

中学生になったら、情報収集のスキルを伸ばすという意味でも、スマホを与えること自体は悪いことではないと思います。ただ、学習の場面ではメリットが多い反面、それ以外の場面ではリスクが大きいのも事実です。

ネットの世界はひとたび足を踏み入れると、あらゆる場所に無尽蔵につながってしまうため、不適切な世界へのアクセスは親が責任をもって遮断する必要があります。

親から見て子どもが自分でコントロールするのはまだ難しそうだと感じたら、適宜声がけをします。

「あなたのことは信頼しているけど、まだ自分でコントロールできない部分はあると思うから、お母さんがお手伝いするよ。必要であれば勉強をする30分間はお母さんがスマホを預かっておくよ」と伝えます。

それまでの関係性から、親が自分の部屋や机の引き出しを勝手に見たりしないとわかっていれば、子どもも安心して親に預けるはずです。

そこで、「SNSは知らない人とつながる危険があるからダメ」「ゲームばっかりしていたら馬鹿になるよ」などと子どもから力ずくで取り上げるのでは、「こころの脳」が育つチャンスをみすみす逃すようなものです。

娘も中学生のうちは、スマホのロック機能を使用し、私が遠隔でロックの付け外しをしていました。しかしその作業が思いの外、面倒だったこともあり、高校生になったタイミングで「もう自分でコントロールできるよね」と本人に任せるようにしました。

すると受験期にはスマホにインストールしていたSNSのアプリをすべて自分で削除していました。電源も落としていることが多くなり、連絡手段がなくて困りましたが、親が信頼することで子どもの「こころの脳」は確実に成長するのだと実感しました。

成田娘のホンネ④　動機があれば「やる気スイッチ」は自ずと入る

自分の中に「こうなりたい」「これをやりたい」といった明確な目標があれば、子どもは親に言われなくても勉強するはずです。

反対にそれがないと、自分からやる気を起こすのはなかなか難しいでしょう。

私自身、現役時代の大学受験では「医者になって人助けができたらいいな」という、ふわっとした理由だけで医学部を目指し、大して勉強もしなかった結果、不合格になりました。

浪人が決まったタイミングで、母から「自分の将来について、もう一度よく考えなさい」と言われ、はじめて自分の進路について真剣に考えました。母は「自分で考えなさい」とは言いましたが、考えを整理するための手助けをしてくれました。

母から薦められた本や映画を通して登場人物のさまざまな生き方を知った上で、最終的に「やっぱり医者になりたい」と自分の考えを固めることができました。

漠然と「医者になりたい」と思っていた現役時代とは異なり、医師免許を取得することで実現したいことが具体的にイメージでき、「そのためには医学部に入学しなければならない」→「だから合格ラインに届くように必死で勉強する必要がある」と将来の道筋を論理立てて考えられるようになりました。

そこからは、これまで以上に勉強に身が入るようになりました。

本人の中に確固たる意志や目標があり、そのための道筋が見えれば、大抵の子どもは勉強するはずです。

中には、「偏差値の高い学校に入りたい」といった漠然とした動機で頑張れる子もいるかもしれませんが、明確な動機があった方が圧倒的に情熱を注ぎやすいものです。

宿題忘れの常習犯で勉強嫌いの私ですら、できるようになったのですから。

第5章　教育にお金をかけすぎない

お金をかけなくても子どもは育つ

少子化や共働き家庭の増加により、子ども一人当たりの教育費は増加傾向にあります。ひとりっ子ともなれば、そこに向けられる情熱は「絶対に失敗できない」という強迫観念と表裏一体になり、お金や時間が惜しみなく注がれます。

わが子により良い教育を受けさせようと、幼少期から週5日、毎日違う習い事に通わせる親も珍しくありません。中には1日2件の習い事をはしごするなど、忙しい毎日を送っている子どももいます。

しかし、子どもの脳の発達を考えるのであれば、家庭生活そのものが脳を最も刺激し、子どもの得意なことを伸ばすのに最適な場所だと言えます。

幼少期から発達する「からだの脳」に加え、小学生以降は「おりこうさんの脳」が本格的に、そして「こころの脳」も育ち始めます。家庭では、毎日のルーティンの中で、同じメンバー間で決まった言動が繰り返し行われますが、これが子どもの「おりこうさんの脳」や「こころの脳」を育てる重要な刺激となります。

親の言葉や表情、物事の捉え方や子どもとの接し方などが、学習塾や習い事よりもずっと大きい部分で子どもの脳育てに影響を与えるのです。

詰め込み式の勉強では「学習力」は身につかない

私は勉強とは本来、楽しいものだと思っています。

教科書に書かれた知識を丸暗記するのではなく、自分で論理や思考をめぐらせながら、興味がわいたことを一つずつ学んでいく過程に喜びを感じます。自分の中に一つひとつの点として置かれていた知識が、ある時つながり、線となって広がった瞬間の世界がひらける感動は、何物にも代えがたいものです。

ですから、個人的には試験対策に見られるような詰め込み式の学習は好きではありませんが、だからといって脳科学的に意味がないわけではありません。脳のシナプスをつくるためには、繰り返しの刺激が重要ですから、知識を記憶するという点では効果があります。

しかし、それで勉強の喜びに触れることができるのか、子どもが自ら学ぼうとする意欲を育てることができるのかは甚だ疑問です。

詰め込み式の学習では、「学力」は身につきます。学力は、「おりこうさんの脳」を活性化させ、新たな知識や情報を得ることで育っていきます。例えば、漢字ドリルを使って一生懸命、漢字を書いて覚えれば「おりこうさんの脳」が働き、知識は身につきます。

しかし、たくさんの漢字や四字熟語を覚えても、それを自身の文章の中に織り込むことができなければ、論理や思考は育ちません。

その人ならではの論理や思考は独創性と呼ばれ、「こころの脳」の働きによって育まれます。

人は独創性を発揮できた時に喜びを感じ、「もっと勉強して新しい知識を身につけたい」と自然に思えるようになります。

この脳の働きを、私は「学力」と区別して「学習力」と呼んでいます。

「学習力」を伸ばすなら、家庭が絶好の学び場

残念ながら今の教育制度は、子どもの「学力」を伸ばしてもらうことはできても、「学習力」を育ててもらうことはあまり期待できません。そこで必要なのが、家庭での学習です。生活こそが子どもの「学習力」を伸ばす場だと考えます。

では、学校で習った「学力」を「学習力」に昇華させるには、どのような方法があるでしょうか。例えば、学校で習った漢字を何回もノートに書き写す代わりに、一つの漢字を

ピックアップし、その字にまつわる世界を広げていきます。
では問題です。あなたは「本」という漢字で、どれだけ世界を広げられるでしょうか？
次のような質問を、子どもに投げかけてみるのも一つの方法です。

親「本という漢字は、木という漢字と似ているね。なんでだろう？」
子「木の葉っぱみたいにページがいっぱいあるから？　昔の人は木に文字を書いていたのかな？」
親「なるほど、面白い視点だね。少なくとも石には文字を書いていたという証拠が残っているよ。ロゼッタ・ストーンといって、大英博物館に展示されているよ」
子「へえ、本物を見てみたいな。その博物館はどこにあるの？」
親「イギリスのロンドンという街にあるよ。一緒に地図で調べてみようか」

他にも「〝本〟がつく言葉を思いつくだけ挙げてみよう」「〝1本〟〝2本〟と数えるものには何がある？」など、いくらでも考えられます。
親も引き出しを増やす必要がありますが、親が通り一遍の学習や正解にとらわれるのをやめれば、子どもの世界はどんどん広がっていきます。

習い事を始めるなら、親が好きなことに子どもを巻き込む

学習塾や習い事を全面的に否定するつもりはありません。週にいくつか、本人が楽しむことができ、無理のないスケジュールで取り組む分には問題ないと思っています。私自身、娘を学習塾や予備校に通わせていたことはありますし、幼少期にはピアノも習わせていました。

習い事については、数ある選択肢の中から取捨選択するのが難しいと感じる方も多いでしょう。特に子どもが幼いうちは、まだ趣味趣向がはっきりとしないため、何にでも興味をもっては、すぐに飽きてしまいます。

時間とお金に余裕のある家庭であれば、片っ端からやらせてみても良いかもしれませんが、そうでない場合は「親が一緒に楽しめるもの」を基準に選ぶことをお勧めします。

実際、私が娘にピアノを習わせたのも、一番の動機は私が一緒に楽しみたいからでした。幼少期は一緒に親子ピアノ教室に通い、小学校に入学してからも、発表会では私とジブリの曲を連弾するなど、相変わらず親子で楽しんでいました。

親が率先して楽しむ姿を子どもに見せる

このように、子どもの意思がまだはっきりとしない幼少期は、習い事に限らず、親が主体となって楽しめるものに子どもを巻き込むのがお勧めです。

私の場合はピアノでしたが、英語が好きな親御さんであれば子どもと英会話教室に通うのもいいでしょうし、水泳が好きなら親子でスイミングスクールに通うのもいいと思います。

その際、子どもだけ通わせるのではなく、必ず親子で楽しむことが前提です。スイミングスクールでよくあるのが、子どもが泳ぐ姿を、親が観覧席からガラス越しにただじっと見つめているという光景です。

しかし、特に子どもが幼いうちは、一緒に習い事に取り組む中で、親自身が率先して楽しむ姿勢を見せることが大事です。親が楽しむ姿から、子どもは「自分ももっと上手くなりたい」「一緒に楽しみたい」と自然といい影響を受けます。

あるお父さんは釣りが趣味で、息子さんが幼少期の頃から休みのたびに一緒に海に出かけていました。息子さんは釣りを通して、魚をはじめとする海の生物全般に興味をもつようになりました。

大学では水産学部に進学し、下宿先には13個もの水槽を置いて、ありとあらゆる海の生き物を飼育しています。幼少期にお父さんと釣りを楽しんだ経験が、彼の進路に大きな影響を及ぼしたことは明らかです。

親が熱血コーチだと、子どもの自己肯定感は下がる

気をつけなければならないのは、親が熱中しすぎないことです。

特に子育て科学アクシスに相談に来られる親子で多いのが、地域のサッカーチームや野球チームなどでお父さんがコーチをしている場合です。

わが子の指導に熱が入るあまり、自分の子どもに人一倍厳しく接し、チームメイトの前で「おまえのせいでチームが負けた」などと叱責してしまう人もいます。たとえ期待の裏返しであっても、全員の前でいつも自分ばかり叱られていたら、子どもの心は折れてしまいます。

その結果、自己肯定感が著しく低下し、何をするにも「どうせ自分はダメだ」と無気力になってしまったお子さんをたくさん見てきました。

ですから、趣味にしろ習い事にしろ、親自身が肩の力を抜いて楽しむことを意識しましょう。その上で、親子で楽しい時間を共有できるものをぜひ見つけてください。

習い事は数を絞り、辞めさせる勇気をもつ

「子どもが、自分から『やりたい』と始めた習い事を、飽きたからといってすぐに辞めさせてもいいですか？」

これは、親御さんからのよくある相談の一つです。

子どもが習い事に行きたがらない、練習をサボってばかりいる、という状態になったなら、スパッと辞めさせることが肝心です。

親御さんの中には、「自分から好きで始めたんだから、責任をもってちゃんと続けなさい」とできるだけ継続させようとする人もいます。ですが、本人にやる気がないものを強制的に続けさせても、あまり意味がありません。

そうなる前に、本当にやらせるべきかどうか、習い事を始める段階でよく吟味することが大切です。幼い子どもは好奇心旺盛ですから、大抵のことに興味をもち、すぐに「やりたい」と言い出します。しかし、それを鵜呑みにしてはいけません。

まずは体験教室などで子どもの様子をしっかりと観察し、「この子に向いてそうだな」「本当に楽しんでいるな」と思えるものであれば、やらせてみてもいいと思います。その場合も、幼児なら夜8時まで、小学生なら夜9時までには就寝できるスケジュールを組みましょう。

ただし、時間は有限ですから、習い事をやればやるほど、子どもが家庭で過ごす時間は短くなります。それを差し引いてでも「習い事で学ぶことの方が、この子の人生に役立つ」と思えるのであれば通わせてもいいと思いますが、そうした習い事は実はそんなに多くないと実感しています。

ましてや親御さんが、「もうちょっと頑張らせれば、いつか習い事にかけたお金が何倍にもなって返ってくるのではないか」と賭け事のように思っているのであれば、絶対に辞めさせるべきです。

ほとんどの場合、子どもは親の期待通りには育ちませんし、親のエゴにより過度な期待を子どもに背負わせるべきではありません。

それよりも親子で一緒に出かけたり、遊んだりする中でさまざまな体験をさせる方が、子どもにとってずっと充実した時間になるはずです。

五感からの刺激が脳を発達させる

脳をバランスよく健やかに育てるには、「五感からの刺激」が不可欠です。人は生まれた時から五感を働かせ、特に5歳まではフル稼働させながらさまざまな刺激によって脳と体を成長させていきます。

脳は情報処理を行う神経細胞・ニューロン同士のつながりをつくることで発達します。ニューロンは一つひとつがヒトデのような形をしており、さまざまな方向に樹状突起を伸ばしています。この樹状突起が他のニューロンと結びつく時に、シナプスと呼ばれる接続点がつくられます。

赤ちゃんの脳細胞は数だけ見れば大人とほぼ同じですが、ニューロン同士はまだつながっておらず、シナプスもありません。しかし、言葉を覚えたり、複雑な動きができるようになったりと人間らしく成長する中で、急激に増えていきます。

このシナプスを増やすために必要なのが、五感からの刺激です。

五感は外からの刺激を受けなければ発達せず、スマホやタブレットのような二次元の刺激では発達しません。

ある実験では、赤ちゃんにテレビモニターから母親が呼びかける画像を見せます。この時、赤ちゃんの脳はほとんど活性化しませんが、実際に目の前に母親が立って話しかけると、赤ちゃんの脳は強烈に反応します。

つまり、二次元と三次元では子どもの脳の捉え方は全く異なるということです。人間の脳は、人間が刺激することで育つのです。

教育とは内側にある五感を育むこと

精神科医・作家のなだいなださんのエッセイ『娘の学校』（ちくま文庫）に、こんなシーンがあります。

なださんが4人の娘それぞれと、はじめて海に行った時のことを回想します。長女に「あれがうみだ」と教えると、後日、広い平野を見た時に長女は「ウミ」と叫びます。それを見たなださんは、長女が海の水ではなく、「広さや、波の動きだけを見ていたのだ」と気づきます。次女は「ミズ、ミズ」と大声で言い、三女は海を見るなり母親にしがみつき「コワイ」と言い、四女は「オフロ」と言います。

海という一つのものを前にしながら、これほどまでに違った反応を示す娘たちに、なださんは一人ひとりが異なる感性をもっていることをしみじみと痛感します。

このエピソードから私が思うのは、教育とは突き詰めると、いくら言葉を尽くしても伝わらないことを、五感で捉えながら獲得させていくことだということです。

4人の娘さんの反応はそれぞれ全く異なりますが、いずれも「海」という一つの言葉に集約されます。平野でもお風呂でもなく、波が寄せては返すこの場所は「海」でしかないということを、娘さんたちはいずれ自身の経験を通して獲得していくわけです。

映像などでも海を見ることはできますが、波の迫力や潮の香りまでは感じられません。脳育てにおいては、やはり二次元の刺激だけでなく、実際に自分の内側にある感覚で「オフロ」と最初に言わせるところから始めなければならないと思うのです。

本当は怖い早期の英語教育

子どもに新しい刺激を与えたいと思ったとき、真っ先に浮かぶのは英語教育の必要性です。「子どもがグローバル社会で活躍できるように」と、早くから英語を学ばせようと考える親御さんは非常に多いものです。

「英語脳をつくるなら、脳が柔らかい3歳までに」「先取り学習で自信をつけさせ、学ぶ意欲を育てる」といったメディアの煽り文句を受け、まだ日本語もおぼつかない乳幼児を英会話教室に通わせる親御さんもたくさんいます。

しかしながら、こうした言説は脳育ての理論からみると間違っています。

脳科学の専門家として言えることは、バイリンガル教育は口で言うほど簡単ではないということです。むしろ、一歩間違えれば子どもの脳の発達に悪影響を及ぼすリスクがあります。

実際、私たちのもとにはバイリンガル教育に失敗した結果、子どもの脳が深刻な状態になってしまった親子がたくさん相談にみえます。

少し専門的な話になりますが、Ｂｒｏｃａ（ブローカ）野という前頭葉の言語機能を司る場所があります。幼少期から母語と第2言語に接してきてうまくバイリンガルに育った人の脳では、二つの言語を司るこのＢｒｏｃａ野の領域がより接近している、つまり二つの言語を極めて自然に行き来して使えるようになることが証明されています。

同じ現象は、他の言語を司る部位でも証明されています。ところが、これがうまくできない場合もあり、極端な場合には、第1言語は右脳で、第2言語は左脳で、というように処理する部位がとても大きく離れてしまうのです。

そうなると、例えば英語で考えたことをスムーズに日本語に言い換える、ということがそれほど簡単ではなくなります。すると、母語で習得する学習の場面でスムーズに内容を理解することができなくなるかもしれません。

このようなリスクを考えると、母国で生まれ育つ子どもに、あえて第2言語を早期から習得させようとすることは個人的にはお勧めできないのです。

中にはバイリンガル教育が功を奏し、ネイティブ並みに話せるようになる子どももいます。しかし、私は多くの患者さんを通して、上手くいかなかった事例を数えきれないほど見てきて、その深刻さを痛感しています。そうしたリスクを冒してまで、バイリンガルを育てることに躍起になる必要があるとは到底思えません。

どうしても英語を習わせたいのであれば、「何が何でもバイリンガルに」と英語を詰め込むのではなく、「私も英語が好きだし、子どもと一緒に楽しく学ぼう」と成果を期待せずに楽しむ程度に留めておきましょう。

「英語欲」を育てれば、子どもは勝手に勉強する

海外生活を経て私が思うことは、語学というのは「どうしてもこの言葉を話したい」と

いう欲求や必要性に駆られれば、自ずと身につくものだということです。タイミングは人それぞれ異なりますし、何歳から始めても遅いということはありません。

そこで、英語の早期教育よりも私がお勧めするのは、日常生活の中で子どもが自然と英語を好きになれる環境を提供してあげることです。

自宅に外国人の友達を招いたり、一緒に英語のアニメを観たりと方法はいくらでもあります。本人が英語に興味をもち、自ら学びたいという思いを育てることができれば、子どもはひとりでに勉強し始めます。

わが家の場合、娘にとって英語学習のきっかけは演劇と海外ドラマでした。学習塾や習い事にほとんどお金をかけなかったわが家では、その代わり、ミュージカルやコンサートにはお金を惜しまず、家族で頻繁に出かけていました。理由はもちろん、私自身が歌や演劇が大好きだからです。

舞台やライブではその瞬間、その場所にのみある「気」が、五感すら超えたところから脳に刺激として入ってくるような気がします。この体験を超える脳育てのツールは、他にないのではないかと思うほどです。

舞台『レ・ミゼラブル』も、そんな私のお気に入りの一つでした。娘が初めて観劇したのは、中学3年生の時でした。娘は終演後に売店に直行し、英語版の原作を購入すると帰りの電車で一気に読み終わりました。

娘があんなに集中して洋書を読んでいる姿を見たのは初めてで、むしろ「英語読めたっけ？」と驚きました。そして数年後、再び一緒に観劇した時には、なんと英語の劇中歌をすべてそらで歌えるようになっていたのです。

もう一つ、娘が英語力を伸ばすきっかけになったのがアメリカのテレビドラマ『glee（グリー）』です。このドラマが、娘の英語力を爆発的に上げる要因になりました。もともと『glee』は私のお気に入りのミュージカルドラマでした。初めはレンタルDVDを観ていたのですが、そのうち「日本にまだ入ってきていないシーズンが観たい！」と思い、ある時学会でアメリカに行った際に、友人に頼んでDVDセットを買っておいてもらったのです。

娘は小学5年生の冬にブラジルでの国際キャンプに参加しました。けれども、それまで英語塾に通わせるなどの教育は一切行っていなかったので、日本語以外しゃべれない状態での参加でした。現地では、身振り手振りで意思の疎通を図りながら多国籍のルームメイトたちと仲良くなり、楽しい経験ができたようです。

私としては、「英語が話せないのにどうやって？」と不思議でなりませんでしたが、その時から娘自身も「もし英語でコミュニケーションが取れたら、もっと楽しいだろうな」と気運が高まったようです。

海外居住経験ゼロの娘が帰国生クラスに入れた理由

そして中学2年生の夏休みも終わりに近づいたある日、リビングにいた娘が何やら洋楽を口ずさんでいました。よくよく聞いてみると、なんと『ｇｌｅｅ』の挿入歌ではありませんか。

「いつの間に？」と思い、聞けば娘に貸していたパソコンに、たまたま私の『ｇｌｅｅ』のＤＶＤが入っていたことから、私が仕事で留守にしている日中に一人で観ていたようです。

娘は夏休みの間中、ずっと『ｇｌｅｅ』を観ていたそうです。海外版ですから日本語の字幕はなく、ストーリーを追う手掛かりは英語による音声と字幕しかありません。それにもかかわらず、娘はセリフをほとんど暗記していました。

ここから娘は洋楽好きになり、ケイティ・ペリーやテイラー・スウィフトの歌を聞いては、歌詞をすべて暗記し、発音まで完璧になっていました。そして高校に上がる頃には学校以外での英語教育ゼロ、海外居住経験ゼロにもかかわらず、帰国生ばかりが在籍する特別クラスに選抜されたのです。

このクラスではアメリカの高校で採用されている全編英語の教科書を使い、ネイティブの先生が英語で進行するハイレベルな授業が行われています。この展開には、親の私もただただ驚かされるばかりでした。

「英語欲」のきっかけを置いて待つべし

私としては「娘をバイリンガルに育てよう」と思ったことは一度たりともありません。私がしたことといえば、自分が好きなミュージカルに娘を巻き込み、自分のお気に入りのＤＶＤを家に置いておいただけ。

むしろ、娘が『ｇｌｅｅ』と出会ったことはアクシデントと言っても過言ではなく、私には予想もつかなかったことです。娘の英語への意欲が高まっていたタイミングで、ちょうど手を伸ばせる位置にＤＶＤが置いてあったことが結果的に良かったのです。

むしろ、早期教育や英会話教室などではなく、娘は自分の中で英語への情熱をじっくり育てることができたからこそ、演劇やＤＶＤが起爆剤となり、伸びるべくして伸びたのだと思います。

演劇やＤＶＤとの出会いの部分には私も一役買いましたが、そこから先は本人が自分で好きなものを選び取りました。私とは関係のないところで、自分の意思で洋書を読んだり、英語のＤＶＤを繰り返し観たりしたことが脳育てにつながったと感じています。

意欲的に学ぶ子どもの吸収力には目を見張るものがあり、親から言われて「やらされる」場合とは比べものになりません。

ところで、娘のお気に入りの作品を並べてみると、主人公が囚人から市長に上りつめる『レ・ミゼラブル』にしろ、学校のはみ出しものが活躍する『ｇｌｅｅ』にしろ、社会的弱者が活躍するものに強く共感していることがわかります。私の好きなコメディミュージカルには全くハマりませんでした。

つまり、何がその子にヒットするかは、日頃から子どものことをよく観察している親ですら計り知れないということです。

ですから、「この子のために」とあれこれ考えてコンテンツを選ぶよりは、親自身が楽しめるものを子どもの手の届くところに置いておき、その中から自分で選べる環境を用意しておくくらいがちょうど良さそうです。

苦手なことでも楽しければ自分で克服する

生活を通して親は子どもを観察し、できている部分はしっかりと認めてあげることが肝心です。では反対に、できていない部分を見つけた場合は、どう接するのがよいのでしょうか。

娘は幼稚園の頃は水泳が本当に下手で、幼稚園の水泳教室では13クラス中一番下のクラスでした。同じクラスにいたのは、娘と同級生の女の子が1人だけ。上級者クラスのお友達が25メートルコースをバタフライで華麗に泳ぐ中、娘はお友達と幼児用プールでバシャバシャしていました。

娘の泳ぎは、はたから見ると泳いでいるのか溺れているのかもわからない有り様でしたが、「私たち夫婦も泳げないけれど大人になれたし、なんとかなるか」と特に気にしていませんでした。

娘が小学生になり夫の単身赴任が始まると、夫が帰ってくる週末は温泉もある地域のスポーツ施設に出かけるのが家族の恒例行事となりました。

夫はプールサイドにあるビーチチェアで居眠りをし、私と娘は泳げないなりに水にぷかぷか浮かびながら遊びます。市営のスポーツ施設ですから、利用者の年齢層が高く、娘が浮かんでいると、周りのお年寄りから「かわいいね」「上手だね〜」といつも声をかけられました。

周囲のお年寄りにかわいがられながら楽しくプールに通っているうちに、娘はますます泳ぐことが好きになっていきました。そして施設に通い続けて2年ほどたった頃、娘はすっかり泳げるようになっていたのです。

きっかけは夏休みに夫の単身赴任先に遊びに行った際、本人の希望でスイミングスクールの体験教室に通ったことでした。そこで正しい泳ぎ方を教えてもらい、体験教室が終わった後も自分で練習を続けた結果、クロールで25メートルを泳ぎ切れるようになったのです。

家族で泳ぎの練習をするのではなく、プールでひたすら楽しく過ごした時間が、結果的に娘の「泳ぎたい」という欲求につながったのでした。

娘が通う高校では、夏になると海で4キロの遠泳をする行事がありました。安全面を考慮し、レベル別にグループ分けが行われるのですが、娘は5グループ中、上から2番目のグループに入り、泳ぎが苦手な生徒をサポートする役割を担っていました。幼稚園の水泳教室で一番下のクラスだったことを思うと、目覚ましい成長です。

成長を信じることができれば子どもは伸びる

娘の水泳体験から言えることは、いま現在の子どもの姿が、その子の完成形ではないということです。

目の前にいる子どもが泳げないからといって、大人になっても泳げないとは限りません。そうなる可能性もありますが、5年後、10年後がどうなっているかは誰にもわかりません。赤ちゃんの時には一文字も読めなかった子どもが、やがてはスラスラと本を読めるように、時間の経過と共に子どもは進化します。

そのことを脳科学の知見から解明したのが、スタンフォード大学のキャロル・S・ドゥエック教授が提唱する「Growth Mindset（しなやかマインドセット）」理論です（『マインドセット「やればできる！」の研究』キャロル・S・ドゥエック著・今西康子訳／草思社）。

人間は生まれつきの能力ではなく、努力や経験を通して誰もが成長できるという考え方です。子どもはもちろん、何歳からでも「自分はまだ成長の途中にあるので、これからもっと伸びることができる」と信じることができれば、必ず成長できると考えられています。

ドゥエック教授は、勉強嫌いになりやすい思春期の子どもを対象に、ワークショップで次のような言葉を投げかけます。

「脳は、筋肉と同じく、使えば使うほど性能がアップするのです。新しいことを学ぶと脳が成長して、頭が良くなっていくことが科学的に証明されています」

そして、学習や経験により神経回路網に新たな結合が生まれ、脳が「成長」していく様子を説明する他、脳の神経細胞の結合が密になっていく様子を記録した写真を見せます。

その結果、ワークショップに参加した子どもたちの学習意欲や向上心が上がり、成績が飛躍的に伸びたのです。

親はどうしても今、目の前にいる子どもの状態だけで判断しようとしがちです。

しかし、Growth Mindsetの考えをもち、子どもは必ず上向きに成長していくことを意識しながら子どもと接してください。

「たとえ今は上手にできなくても、あなたはまだ成長の途中にあるから大丈夫」とありのままを認めてあげるだけで、子どもの心から不安が取り除かれ、脳はより良い方向に育っていきます。

親の仕事を見せることが、将来の選択肢を増やす

子どもが職業選択の参考にする意味でも、親がどのようにして生活費を稼いでいるのかは、可能な範囲で子どもに見せておいた方がいいと思います。

最近では、お金を払って職業体験ができる商業施設もありますが、実際の親の職場を見せる方が、よほど職業のイメージはつくと思います。

また、自分が知っているお父さん・お母さんの顔だけではなく、親には他の顔もあるということを知るのは大事なことです。自分の親が働く姿に誇りを感じ、「自分も将来、お父さんやお母さんのように社会に出て活躍したい」と思うきっかけにもなります。

私は一時期、仕事でアメリカに住んでいたのですが、職場に子どもを連れてくる人がとても多かったことが印象的です。その習慣に慣れてしまったせいか、帰国してから私も勤務先の大学病院によく娘を連れて行っていました。

幼少期には、私が診察している隣の空き部屋で、娘を待たせたりもしました。時折、出入りする研究室の学生が娘と遊んでくれることもあるなど、娘にとって私の職場は居心地が良かったようです。また、夏休みには夫の職場である大学の研究室に2週間ほど留学し

たこともありました。

結果、親が全く強制しなかったにもかかわらず、娘は医者の道を志しました。本人は「小さい頃からお母さんたちの仕事を見ていたからね」と言っていたので、子ども心に印象に残ることがあったのかもしれません。

職業体験施設などに頼らなくても、子どもの職業選択の参考になる場所は生活の中にいくらでもあります。そこをまるっと外注してしまうのは、あまりにもったいないと思うのです。

成田娘のホンネ⑤ 英語は「やらされなかった」から身についた

小5のブラジルキャンプを経て「英語を話せれば世界中の人と意思疎通ができる」と感じた私は、コミュニケーションツールとしての英語に興味をもちました。そこからは海外ドラマ『ｇｌｅｅ』や洋書を通して英語を学んでいきます。

読む・聞くなどの感覚的な学びはとても楽しく、「勉強した」という意識もなく英語力が伸びていきました。

一方、英文法や語彙については全く勉強せず、学校のテストでもそうした弱点が足を引っ張るようになりました。全体的に英語の成績は良かったものの、だからこそ「もっと上を目指したい」と思うようになり、そこからは英文法や語彙を勉強し、宿題にも進んで取り組むようになりました。

また、英語学習に一役買ったのがNHKラジオの英語番組です。これもやはり「勉強する」という感覚ではなく、朝食をつくる時間に「ながら聴き」することを目的としました。日常的に英語に触れることで、リスニング力や正しい発音が自然と身についたと実感しています。

英語と同じように、全くできなかったところから上達したのが水泳です。幼稚園の水泳教室では常に一番下のクラスでしたが、劣等感を抱くことなく、友達と水遊びができる時間を純粋に楽しんでいました。母も「楽しそうだったね」と言うだけで、私が泳げないことは指摘しません。

その後、小学生になって自分から「泳げるようになりたい」と思ったタイミングでスイミングスクールの体験教室に参加し、泳ぎを習得することができました。

もし、幼稚園の水泳教室で「他の子はあんなに上手に泳げるのに、うちの子だけ泳げなくて恥ずかしい」「ちゃんと泳げるように練習しなさい」と親に叱られていたら、今頃は水泳が嫌いになっていたかもしれません。

英語も水泳も「好き」という気持ちを壊さず成長できたお陰で、機が熟したタイミングで上達できたのだと思います。

第6章　脳を刺激する親子のコミュニケーション

朝ごはんの会話は最高の脳育て

みなさんは、学校から帰った子どもに、どのような言葉をかけていますか？　お子さんが小学生であれば、

「今日、学校でどんなことがあったの？」

「○○ちゃんと仲良くできた？」

「学校の授業はちゃんと聞いていた？」

というような言葉掛けをする親御さんが多いと思います。しかし、わが家では娘とこのような会話をしたことが一切ありませんでした。

私が娘との会話で常に意識していたのは、いかに娘の脳を育てるかということです。

幼少期から娘を観察する中で、娘は空間認知能力が高いものの、文章作成や読解が苦手であるということが見えてきました。この苦手な部分を伸ばす手助けを、家庭の中で意識的にしていたのです。

では、具体的にどのような会話をしていたかというと、小学校高学年の時には、娘が休み時間に友達と創作した「金星人の逆襲」という、壮大な冒険譚《たん》の話を延々と聞いていま

した。娘は学校では読書感想文も思うように書けない子どもでしたが、友達と創作した妄想話ならいくらでも話すことができました。しかも聞いてみるとこの話、奇想天外で面白いのです。

一見、脳育てには何の関係もないように思えますが、自分が創作した物語を言語化し、人にわかるように伝えるというのは、脳を育てる上でとても重要です。これならいつか脳の発達が整った段階で、文章作成や読解のスキルも追いついてくるだろうと考えました。

実際、小学生の頃は妄想話をしていた娘も、高校生になる頃には、学校で学んだ内容を自分から話すようになりました。ある時は、古典の授業で習った『蜻蛉《かげろう》日記』や『源氏物語』のエピソードを面白おかしく語ってくれます。

本人が「面白い」と心を動かし、誰かに論理的に説明することで脳に知識が定着します。

ここでもやはり大事なのは、ペアレンティング・トレーニングのメソッドである「オウム返し」と「自分の正論は封じる」です。傾聴し共感することで、言語能力が未熟な子どもから言葉を引き出すことができます。

わが家では、こうした会話を朝ごはんの時にしていました。単純に家族全員が食卓にそろう時間が朝しかなかったから、という理由でしたが、十分な睡眠をとったあとの朝の脳はとても活性化しています。

みなさんのご家庭でも、ぜひ朝から親子でたくさん会話をして、脳にいい刺激を与えてください。

子どもの語彙力は「母親の語彙力」で決まる

5歳までの子どもの語彙力は、基本的に母親の語彙力に依存すると言われています。小学校に入学してからは授業や教科書などからも語彙を獲得するため、個人差は縮まりますが、5歳までの時点では、母親の言葉掛けが多ければ多いほど、子どもの語彙も増えることがさまざまな研究により証明されています。*

ですから家庭において、特に母親は意識的に子どもに言葉掛けをすることが大事です。

外国語学習をイメージするとわかりやすいのですが、言語を習得する過程は非常に複雑です。それを子どもたちは系統だった授業ではなく、生活を通して獲得していかなければなりません。

例えば、乳幼児は犬を見た時に「わんわん」と言います。幼いうちは発音も上手にできないので「わんわん」で十分ですが、あくまで幼児語であり、成長の過程でいずれは「犬」

という正しい日本語を覚える必要があります。

「犬」という言葉をインプットしてからは、その記号に当てはまるものを覚えなければなりません。チワワも柴犬も犬ですし、動画や絵本の中の犬、ロボットの犬もいます。そうしたさまざまなタイプの犬に触れる中で、「犬」という単語に該当するものをどんどん分類していきます。

これは放っておいても勝手に理解できるようになるわけではなく、生活の中で親が意識的に情報をインプットしてあげなければなりません。

特に家庭の中で子どもの語彙を増やす機会が、食事です。でも、家族が同じ方向を向いてテレビを黙って観ている、という環境では語彙が増えないので、できるだけテレビを消して目の前にある食事を五感で感じ取り、それを言葉にすることを親から行って見せましょう。

「このオムレツ、外は弾力があるけど、中はとろとろにチーズがとけていて、2種類の食感が同時に楽しめる逸品ですなあ！」などわざと抽象語を交えながら「食レポ」してみるのも楽しいものです。

子どもから言葉を引き出したいなら「オウム返し」

子どもと会話をする際、重要なのが「ロジック」です。ロジックというと、「小難しい話をしないといけないの？」と思われるかもしれませんが、ありふれた日常会話の中にもロジックは存在します。子どもの国語力を伸ばすためには、そこを疎かにしないことが大事です。

ロジックが崩壊している例として、家庭でよくあるのが次のような会話です。

子「ただいま。今日、A君と遊ぶ約束したから、今から公園に行っていい？」
親「部屋が片づいていないからダメ！　ちゃんと片づけてから遊びに行きなさい」

いかがでしょうか。一見、つじつまが合っているようにも見えますが、この会話をよく見てください。公園に遊びに行くことと部屋を片づけることの間には、論理的には何のつながりもありません。つまり、全く意味のない会話なのです。

なぜ公園に遊びに行く前に部屋を片づけなければならないのか、その必要性についてロジックが成り立たないので、子どもは納得できないでしょう。家の中でこうした会話が当たり前になってしまうと、子どもの国語力は育ちません。

では、どう返すのがいいのか。難しく考える必要はありません。誰にでもできる、一番お勧めの方法は「オウム返し」です。子どもから言葉を引き出したければ、とにかく笑顔でオウム返しをすることです。

「友達と公園に遊びに行く」と言われたら、「公園に遊びに行くのね。行ってらっしゃい」と返すだけ。すると、子どもの脳には、お母さんが笑顔で返事をしてくれたという情報が入ります。

「お母さんは僕が友達と遊ぶのを喜んでくれている」、そう思うと、うれしくなってもう一言出てくるわけです。

「A君がね、新しく買ってもらったゲームを見せてくれるんだって。すっごく楽しみ」

そうしたらまた笑顔で、

「へえ、新しいゲームを持ってきてくれるんだ」

とオウム返しをします。ニコニコしているお母さんを見て、子どもはもっとお母さんに情報を伝えたいと思うようになりますが、ひとまず「帰ったら、ゲームの話を聞かせてね」と言って送り出します。

子どもからのおねだりは経済教育のチャンス

そして帰宅後、子どもは「A君のゲーム、すごいんだよ!」と興奮気味に話します。そして、「僕も欲しいな」と言った時に、どう返すか。「うちではそんなもの買いません!」と頭ごなしにピシャリと言ってしまったら、ここでもロジックが崩壊してしまいます。せっかく子どもが気分よく話しているのですから、しっかりと話を聞きましょう。

「そのゲーム、いくらぐらいするの?」

「1万円くらいって言ってたよ」

「そうなんだ。A君は自分のお小遣いで買ったのかな?」

「お年玉で買ったって言ってたよ」

お金の話が出たら、経済教育をするチャンスです。生活の軸について、きちんと話をしましょう。「うちではお父さんとお母さんが仕事でお金を稼いでいて、そこから毎月、家賃や食費、光熱費を払っています。お給料からそれらを差し引くと、余分なお金はあまり残らないんだよね。そこから1万円を捻出しようと思うと、けっこう大変だなあ」と伝えます。実際はどうあれ、そこは事実に忠実である必要はありません。

大事なのは、子どもの要求を「買えない」の一言で一蹴するのではなく、なぜ買えないのか、きちんとロジックを展開していくことです。

決して、「そんなつまらないものに1万円も出せません」などと、子どものお金の使い道そのものを否定しないことです。価値観を否定する言葉は、子どもの自尊感情を傷つけかねません。

もしかすると、子どもは「自分のお小遣いを貯めて買う」と言い出すかもしれません。そうしたら、「あなたのお小遣いは毎月500円だけど、1万円貯めるにはどのくらいかかるかな」と算数の勉強にもっていくことができます。

さらにお小遣いの中でやりくりすることによって、自分の収入の範囲内で生活する力が身につきます。「お小遣いを前借りしたい」と言われたら、「どうしても必要なのか」「どう返済するのか」を面倒臭がらずにしっかりと話し合いましょう。

そこで子どもから「月々のお小遣いの半分を返済にあてる」などと意見が出たら、「こころの脳」がしっかりと育っている証拠です。将来、決まった収入から生活費をやりくりできる大人になるためにも、小学生のうちからお小遣いの使い道を自分で考える訓練をしておいて損はありません。

ロジックは大事。でも正論はほどほどに

親子の会話で気をつけたいのが「正論」です。親は子どもに正論を押しつけがちです。自らの知識や経験をもとに、「そういう場合は、こうするのが一番」と一方的に自分の意見を押しつけてしまいます。

例えば、子どもが学校から帰ってきた時、こんな会話をしていませんか。

親「お帰りなさい。今日は学校でどんなことがあったの？」
子「今日はね、Bちゃんたちと鬼ごっこしたよ」
親「そうなんだ、楽しかった？」
子「うん、でもBちゃんもCちゃんも私のことばかり狙って追いかけてくるから嫌だったよ」

ここでお母さんは急に不安になります。うちの子は学校で嫌がらせを受けているのでは

ないか。ひょっとすると、いじめのターゲットにされているのではないか。

するとどうするか。お母さんは正論を言い始めます。

「そういう時はね、嫌だからやめてってBちゃんたちに言うのよ。それでもBちゃんたちがやめてくれないなら、その時は先生に相談しなさい。もし自分で言いづらいならお母さんが代わりに言ってあげようか」

そうして、実際に先生に苦情を言いに行った親御さんもいます。このお母さんの言っていることは、間違いではなく、まさに正論です。

しかし、そうやって子どもに正論をぶつけてしまうと、子どもから自分自身の頭で考え、行動する機会を奪ってしまいます。これでは子どもの「こころの脳」である前頭葉は育ちません。

自分で考え、自分なりの答えを出すという刺激が少ないと、いつまでたっても自分の言葉で考え、行動することができない子どもになってしまいます。

あくまで親は「オウム返し」に徹しましょう。「○○ちゃんばかり狙って追いかけてくるから嫌だったのね」と言えばいいのです。そこで、「なぜそういう次第になったのか」を子どもが説明しだすかもしれないし、ただ「うん、嫌だった」と一言だけ言うかもしれません。

それを「傾聴」した後は、「大変だったねえ、じゃあ、お母さんがいっぱいぎゅ～ってしてあげる」「特別にホットケーキ焼いちゃおうかな！」など「共感」を示せば十分です。

イエスノークエスチョンは出さない

では、どういう会話であれば、子どもの「こころの脳」を育てられるでしょうか。脳を育てるポイントは、子どもが自分で考える必要性を生み出すことです。

そのためには、イエスかノーで答えられる質問は出さないことです。「今日の晩御飯、カレーでいい？」というような二者択一の質問では、考えられる返答は「うん、いいよ」か、「え～嫌だな」のどちらかであり、答える方は全く脳を使いません。

そこで、次のような会話であればどうでしょうか。

親「今、どれくらいお腹が空いてる？」
子「今はまだあんまり空いてないよ」
親「じゃあ、何時頃になったらお腹が空きそう？」

子「6時半か、7時くらいかな」

親「そっか。もし7時過ぎまで待てるならカレーをつくるけど、もう少し早く食べたいなら焼きそばにするよ。それかあなたが自分でつくるなら、カレーでも焼きそばでももう少し早く食べられるかもしれない。どうする？」

他愛のない会話に見えますが、実はこの会話には脳育ての重要な要素が隠されています。

まず、お腹の空き具合を尋ねることで、子どもが自分の体の状態をモニタリングし、空腹をきちんと感じることを促します。「お腹が空いたからごはんを食べたい」という欲求を感じ、空腹を満たすサイクルは、睡眠と同様、「からだの脳」の重要な機能です。「今日は水泳教室に行ってお腹が空いたから、しっかり食べたい」「おやつにケーキを食べてお腹がいっぱいだから、夕飯は軽めのメニューがいい」というところまで自分の体の状態をモニタリングさせ、自分でメニューまで考えられるといいでしょう。

親が二者択一の質問ばかり出し、「今日は水泳教室があったから、お腹が空いているよね？」などと先回りをして答えを与えてしまうことは、子どもの脳の発達を阻害します。

難関校に通う中学生でも、「会話におけるロジックは今一つだな」と感じる子どもに共通しているのは、親子の会話が圧倒的に少ないことです。

これは中学受験の弊害の一つでもあると考えていますが、いくら詰め込み型の教育で難問が解けるようになっても、それは小手先の技術を学んだに過ぎません。学習塾で教えてもらえるのは最短で解答にたどり着くための勉強であり、なぜその答えになるのか、理由や原理を考える力が身につきづらくなります。

実際にやってみるとわかりますが、これは親も頭を使います。こちらから一方的に答えを出したり、二者択一で答えさせたりする方がラクではありますが、「子どもの脳を育てる」というつもりで、ぜひ家庭での会話に取り入れてください。

怒らなくても、子どもは問題行動を自覚している

親御さんからの相談で多いのが、子どもが学校などで不適切な行動を起こしてしまった際の接し方です。

あるお母さんは、小学4年生の子どもが「学校で友達の顔を叩いてしまった」と、担任の先生から報告の電話を受け取りました。電話を切ったお母さんは、子どもが帰宅するなり、ものすごく怖い顔で叱り飛ばしました。

お母さんは、「そうしないと、子どもが親を見くびって、また同じことをするんじゃないかと心配なんです」とおっしゃっていましたが、そんなふうに怖い顔で待ち構えていたら、子どもは家に帰りたくなくなるだけです。

「そんなことをしても、お子さんはまたトラブルを起こしますよ」とお伝えすると、「そうなんです。何度言っても同じことを繰り返すんです」と困った顔で言われました。

学校という集団の中で不適切な行動をとれば、先生や友達から非難を受けますから、本人は自分がしたことについて十分理解しているはずです。そこでさらに親が腹を立てたり悲しんだりすれば、子どもの反発心が増すだけです。

自分が起こした問題行動のせいで親が悲しみ、ショックを受ける姿を見て、「自分はダメな子なんだ」と自己肯定感を下げてしまうケースも少なくありません。

ですから、子どもが学校で問題行動を起こしても、厳しく叱ったり悲しんだりする必要はありません。

もちろん、人の命にかかわることや社会のルールに反する行為についてはきちんと叱る必要がありますが、それ以外のことについては、大抵は叱らずに解決できます。

親が「ごめんなさい」と謝る姿を子どもに見せる

子どもが帰宅したら、ひとまず「今日、学校で何かやらかしたでしょ」と笑顔で出迎えます。そうして、「今日のおやつはホットケーキにしようか」と、おやつでも遊びでも、子どもが笑顔になれるものを提供します。

叱られるとばかり思っていた子どもは、「お母さんは怒ってないんだ」と安心し、自分から心を開くことができます。

すると、「今日ね、工作の時間に僕が描いた絵をD君が笑ったんだ。僕の絵を取り上げようとするから、止めようとしたらD君の顔に手が当たっちゃったんだ」と懺悔《ざんげ》を始めます。

自分のしたことを言葉にできたなら、「そっか。そうしたら、次に同じようなことがあった時はどうするといいかな」と未来の話につなげることができます。これならお母さんが怒らなくても、問題行動を減らすことができます。

わが家でも、娘がいろいろやらかすので、学校の先生からしょっちゅう電話がかかってくることがありました。中学1年生の時には、学校に持って行ってはいけないはずのおもちゃで遊んでいた、とか、休み時間に友達の悪口をノートに書いていた、などと先生から電話がかかってきたことがあります。

そんな時は、まず学校の先生に対して、「うちの子がご迷惑をおかけして本っ当に申し訳ございません！」とひたすら謝りました。

そして娘が帰宅したら、「さっき学校の先生から電話があったけど、またやらかしたんだってね。しょうがないから申し訳ございません！って平身低頭、保護者として謝っておいたからね。お母さん、大変だったんだから」と少し大げさに伝えます。そうすると娘はニヤニヤしながらも、「申し訳ございません」と謝ってきました。

親が学校の先生に謝る姿を見せておくことは大事です。子どもは親の姿勢を見ていますから、成長するにつれ、自分から先生や相手の子どもに「ごめんなさい」と謝れるようになります。

親に言われなくても「やりすぎだったな」と反省できるようになり、次から同じ過ちを繰り返さなくなるのです。

コミュニケーションを確立すれば、思春期も乗り越えられる

子どもが成長するにつれ、親子のコミュニケーションは変化していきます。特に思春期

の子どもは親との会話が減る傾向にありますが、幼少期から親子のコミュニケーションをしっかりと取っておけば、思春期も大きなトラブルを起こすことなく乗り越えられます。

親子のコミュニケーションの種類は、言語だけではありません。スキンシップや表情、匂いなども重要なコミュニケーションの一つです。

親子でスキンシップを取る、お互いの表情を読むといったコミュニケーションを通して、子どもの脳は育っていきます。

そうしたコミュニケーションが日常的に取れているのであれば、思春期になって子どもの口数が減っても、「朝早くから、部活大変だね。いってらっしゃい」とポンと肩を叩くだけで、言葉は少なくても通じ合えるようになります。

そのためには、繰り返しになりますが、やはり家庭での生活の時間をきちんと確保することが基本になります。

毎日夜遅くまで塾や習い事に追われている子どもとは、家庭でのそうした非言語コミュニケーションを取る時間が圧倒的に短くなります。特に早寝早起きを実践すると、起きている時間のうち、家族と過ごす時間は本当に短くなります。

そこで寝る時間を遅くして解決するのでは、脳育ての土台が崩れてしまいますから、できるだけ親子の時間がつくれるように生活を変えていく必要があります。

わが家では、娘に家事を分担させることで私の時間に余裕をつくり、その分を娘とコミュニケーションを取る時間にあてていました。

家事は親子の共通の話題にもなります。洗濯一つをとっても、乾燥機にかけるもの、外干しするものなどを確認する会話が、親子の間でルーティンになります。そうした会話は家事を遂行する上で必須ですから、思春期でも自然とコミュニケーションを取るきっかけになります。

言語・非言語を含め、親子ならではのコミュニケーションは存在すると感じています。子どもが幼少期のうちにそれを確立しておかないと、思春期に問題が起こった時に親子の関係を分断しかねません。

学習塾や習い事が絶対に悪いとは言いませんが、生活の中で子どもとコミュニケーションを取る時間は何をおいても優先させてください。

手抜きの会話を「対話」に変える方法

家族や親しい友人との会話は、そうでない相手との会話に比べ、ラクに話せるという人は多いでしょう。実はそこに、会話における脳育ての落とし穴があります。

身近な人との間で行われる会話は、相手の価値観や話の背景をある程度共有した状態で行われるため、かなりの部分が省略されています。夫婦の間で「アレ取って」と言えば意図が通じてしまうように、実は手抜きのコミュニケーションなのです。こうした会話はラクであることからもわかるように、脳をあまり使いません。

そこで、会話の代わりに家庭生活で行うべきなのが「対話」です。

劇作家・演出家の平田オリザさんは、会話と対話の違いについて、会話とは「お互いの事情をよく知った者同士の気軽で気楽なお喋《しゃべ》り」であり、対話とは「お互いのことをあまりよく知らない者同士が、『知らない』ということを前提として行う意識的なコミュニケーション」と定義しています（『対話のレッスン』平田オリザ著／講談社学術文庫）。

そして、どのようなつもりでその言葉を使っているかという一人ひとりが使う言語の内容を平田さんは「コンテクスト」と呼んでいます。

コンテクストは一人ひとり異なります。親子の間にもそれぞれのコンテクストが存在し、同じ単語でも異なる意味をもって話を進めていくと、コミュニケーションは噛《か》み合わなくなります。そうならないためには、家庭においても対話をすることが必要です。

コンテクストのズレから会話が噛み合わなくなることは、家庭でも頻繁に起こります。

例えば、ある家庭では夜9時には子どもは寝るというルールがあったとします。ところが、今日は夜8時を過ぎても子どもがテレビゲームをしています。

就寝時刻から逆算し、親は「そろそろお風呂に入ってほしい」と思っているのに対し、子どもは「もう少しでレベルが上がるから、まだゲームを続けたい」と思っています。

そこで親が「いい加減にお風呂に入りなさい！」と言ってしまったら、彼のコンテクストを拾い上げることはできません。子どもは「わかったよ」と適当な返事をしながら、ゲームを続けてしまいます。

対等に向き合うことから「対話」は始まる

親は子どもを一方的に従わせようとするのではなく、たとえ面倒でも子どもの言葉を引き出してあげなければなりません。そこで親が「そんなにゲームばっかりしてるなら、ゲーム機を捨てちゃうよ！」などと言おうものなら、子どもとしては絶対に許容できず、あっという間に修羅場になります。

そこでまずは、「そろそろお風呂に入る時間だけど、どうする？」と聞きます。子どもが「もう少し続ける」と言ったら、「もう少しってどれくらい？」と確認し、「あと少しでレベルアップするんだけど、30分はかかりそう」という答えを引き出します。どうやらゲームが終わってからお風呂に入っていては、就寝時間に間に合わないことがわかります。

そこでコンテクストの摺り合わせです。

「では、お母さんも早く寝たいので、お母さんが先にお風呂に入ります。寝る時刻は9時なので、絶対にそれは守らなければならないけど、それまでは自分で考えて」と伝えます。子どもは自分で考えて「明日は必ず入るから、今日はお風呂なしでもいいですか？」と聞いてきます。

そして、9時までにゲームを終了して布団に入ることができたら、「自分で考えて自分で行動できたね、ちょっとお風呂に入ってないから臭いけど(笑)」などと言えばいいのです。翌日はゲームより入浴を優先させることが自発的にできたら、もちろん認めてあげましょう。

こうした対話を成立させるには、お互いが対等に向き合っていることが前提です。

「子どもは親の言うことをきくもの」という考えだと、二者択一ですらない、一方的な言葉の投げかけになってしまいます。それでは子どもの論理的思考は鍛えられません。

生活の中でコンテクストの摺り合わせを地道に行っていれば、次第に子どもの論理的思考力が強化されます。そうなると「ああ言えばこう言う」というような対話が日常茶飯事になるため、親も大変ではありますが、それもまた対話の一環として楽しんでください。

対話の一つひとつは他愛のないものでも、そこで手を抜かずに丁寧に向き合うことで、子どもの脳は確実に育っていきます。

「褒める」のではなく「認める」

親子のコミュニケーションにおいて、子どもを褒めたくなるシーンはよくあると思います。

テストで100点を取った時、運動会で一等を取った時、「すごいね」「頑張ったね」という言葉をかけてしまいがちですが、褒めるという行為は本来とても難しく、リスクを伴うものです。

褒め言葉は無意識のうちに評価基準を設定してしまい、時に子どもを縛る呪いの言葉として機能するからです。

100点を取った子どもに対し、「すごいね」と褒める行為は、無意識のうちに「100

点には価値がある」ということを子どもの心に刷り込みます。そうなると子どもは、「次も100点じゃなかったら褒めてもらえないんだ」と不安を感じるようになります。

また、「頑張ったね」という言葉には親の主観が入ります。子どもは自分の何を認めてもらえたのかが分からずに混乱します。子どもが喜ぶ気持ちに「よかったね」と寄り添うこと自体は構いませんが、共感するだけに留め、評価したり主観による感想を入れてしまったりしないよう気をつけることが大事です。

そうではなく、例えば普段は自分から宿題をしないような子が、自分から取り組んでいる姿を見つけたなら「自分から宿題をしているところを初めて見たよ」と伝えるなど、客観的な事実に基づき、その子自身の成長を認めてあげてください。

中学生以降は、親は「少し年上の友達」になる

子どもが中学生になったら、親は何かを教えたり、誘導したりする大人としてではなく、「少し年上の友達」くらいの立ち位置の方が、関係は上手くいきやすいものです。

友達であれば、相手の喜ぶ姿を見たら純粋にうれしく、その気持ちに共感しますよね。

子どもがテストで100点を取った時も、本人の「うれしい」という気持ちに共感する

こと自体は問題ありません。わが家でも過去に一度だけ、娘が高校時代に答案用紙を見せてきたことがあります。

聞けば、いつもは平均点ギリギリの地理のテストで、初めて高得点が取れたというのです。娘は余程うれしかったのか、家に着くまで待てずに出先の喫茶店で鞄から答案用紙を取り出し、「すごいでしょ！」と得意げに掲げてみせました。

この時の私の第一声は、「A学園では、テスト用紙にこんなに上質な紙を使っているのね」というもの。なぜなら娘が中高一貫校であるA学園に入学して以来、テストの答案用紙を見せてきたのはこの時が初めてだったからです。

それはさておき、帰宅するまで待てないほど大喜びする娘の姿は、親として素直にうれしいものでした。ですから「よかったね」と子どもの喜びに心から共感しました。

この時のエピソードは、今でも娘から笑い話のネタにされます。とはいえ、不満があったわけではないそうで、「紙の話をした後、私が答案用紙を見せながら『ここは勉強したところがそのまま出題されたんだ』とか『ここは問題を読み間違えちゃった』と話すのを、丁寧に聞いてくれたよね。だからお母さんは点数に興味がないだけで、私が頑張ったことについては認めてくれているんだって思ったよ。もし、そこで『平均点も高かったんじゃないの？』『順位は何番だったの？』なんて聞かれてたら、それこそ点数にしか興味がないんだと思ってショックを受けていたかもね」とのこと。

子どものテストが何点であろうが、親自身が取ったわけではありません。受験にも通じることですが、一緒になって一喜一憂するのではなく、少し離れたところから見守るような距離感を意識しましょう。

親しか気づけない、生活の「進化」を認める

子どもの成長は、テストの点数やスポーツの順位だけでは測れません。

大切なのは、テストの点数が100点だろうと20点だろうと、日々のコミュニケーションを通して「あなたはあなた、そのままでいいんだよ」というメッセージを発信し続けることです。

数値化されたわかりやすい結果が出た時だけ褒めるのではなく、普段の生活を通してありのままの子どもの姿を観察し、それを認めてあげてください。

例えば、2歳の時は自分で靴が履けなかったのに3歳になったら自分で履けるようになった、年長さんの時は人見知りばかりしていたのに、小学生になったら電車でお年寄りに

席を譲れるようになったなど、脳の順調な育ちは、日常生活でこそ垣間見ることができます。

「そんなことはできて当たり前」と思うかもしれませんが、学校や学習塾の先生は生活の中での進化を見ることができませんから、そこを認められるのは子どもと生活を共にしている親だけです。

子どもに伝える際は、褒めるのではなく、客観的な事実として、ありのままを認めてあげることを意識してください。

「あなたは年長さんの時は靴下の右と左がわからず模様が内側になっていたけど、小学校に上がったらきちんとはけるようになったよね」と伝えると、「確かに学校では先生に叱られてばかりだけど、僕だってそれなりに成長しているんだ」と子どもは自覚します。

自分で自分のいいところを認められるようになれば、他人と比較したり周囲の意見に惑わされたりせず、自己肯定感を上げることができます。

生活の中でそうしたコミュニケーションを続けていけば、子どもの心が不安定になる思春期にも、親の存在が心の拠《よ》りどころになるはずです。

成田娘のホンネ⑥　落ち込んだときに嬉しかった親の言動

母とのコミュニケーションで印象に残っているのが、小学5年生の時のことです。当時、合唱コンクールの伴奏者になりたかった私は、選抜オーディションに向けてピアノの練習に励んでいました。ところが伴奏者を決めるオーディション当日、風邪をひいて学校を休んでしまいました。

オーディションの日程は大まかな時期しか告知されておらず、詳細な日時は直前まで知らされていなかったため、休み明けに登校した私は「え、もう終わってしまったの?」と大きなショックを受けました。

そんな私を心配し、担任の先生がわざわざ家にお詫びの電話をくださいました。その時、母が先生に返した言葉が印象的です。

母は、「悪いのは風邪をひいた娘ですから、どうかお気になさらないでください」と言い、私に「詳細な日時はわからなかったとはいえ、そろそろだということは知っていたんだよね。だったらその時期に体調管理をしなかったことが今回の敗因だね。『悔しいからオーディションをやり直してください』というのは、すでに選ばれた子にも影響が出るし違うと思う。じゃあ、どうすればいいと思う?」と聞きました。

私は悔しい気持ちでいっぱいになりながらも自分の頭で考え、「来年はオーディションに参加できるように、その時期になったら体調管理を万全にする」と答えました。その言葉通り、翌年はオーディションの2週間前から体調に気をつけ、無事オーディションを受けて伴奏者に選ばれました。

あの時もし母が、学校を責めたり私に同情したりするようなことを言っていたら、「私はかわいそうな子なんだ」と被害者意識に浸ってしまったと思います。それで一時的に気持ちは収まるかもしれませんが、現実は変わらず、何も解決しません。オーディションに参加できなかった理由を冷静に分析し、原因を認められたことで、次につながるアクションに移れたのだと思います。

思えば、私は母から「かわいそう」と言われたことがありません。

大学受験に失敗し、浪人が決まった時でさえ、「今回落ちたのは勉強不足が原因だから、合格するためにはもっと勉強すればいいね」と言われただけです。

同情はされず、やるべきことを端的に整理してもらえたお陰で、かえって気持ちが救われたことを覚えています。

そうして今後の道筋が見えたら、「じゃあ、とりあえずご飯でも食べに行こうか」と食事に出かけるところまでがワンセットでした。中学受験の勉強中もそうでしたが、食事を理由に外出することで、母は私の気持ちのリセットポイントをつくってくれていたのだと感じます。

早い段階で気持ちが切り替わることで、落ち込む暇もなく「来年は合格できるように頑張ろう」と次の目標に向かって走り出すことができました。

＊ "Lexical output as related to children's vocabulary acquisition: Effects of sophisticated exposure and support for meaning." Weizman, Z.O., Snow, C.E., *Developmental psychology*, 37(2), 2001–psycnet.apa.org

第7章　自己肯定感は生活の中で創られる

叱られなくても自分から行動できる子どもの育て方

生活の中でこそ、子どもの脳はよく育ちます。

子育て科学アクシスで行っているペアレンティング・トレーニングで、参加者の方からよく相談されるのが、「子どもが計画的に行動できない」というものです。

特に幼児や小学生をもつ親御さんに多い悩みですが、わが家の娘もまさにこれでした。幼少期は、出かける予定を伝えていても直前まで準備もせずにぼうっとしていて、出発の時間になって慌てて動き出すような子どもでした。

先を見通し、予定から逆算して行動する能力は、「こころの脳」である前頭葉の働きによるものです。こうした脳の機能は、ペアレンティング・トレーニングにより生活の中で鍛えることができます。

子どもが出発の時間になっても動き出せない理由は、親の指示の仕方が間違っていることが大半です。

よくあるのは、出かける直前になって「いつまでボーッとしているの！　早く支度しなさい！」というような声かけです。これだと子どもは、いつまでにどうすればいいのかが具体的に理解できません。

これでは何度同じことを言っても子どもの行動は改善されず、親子でイライラの応酬になってしまいます。

メリット・デメリットを体感すれば、計画的に行動できる

では、どうすればよいのか。例えば10時に出かけると決まっているなら、「10時になったら、お母さんは車に乗ってエンジンをかけます。それまでに車に乗っていない人は家に置いていきます」と子どもに伝えます。脅しではなく、事実として淡々とアナウンスします。

重要なのは、10時までに車に乗っていなければ、本当に置いて行くということです（この方法は小4以降、こころの脳が育ち始めたと感じたら実践してください）。

もちろん、子どもが小さいうちはそのまま放置できませんから、その後家に戻りますが、一旦は置いていくということをやって見せます。

まさか家族に置いていかれると思っていなかった子どもは、「これはまずいな」と思うようになり、次回からは出発時間の5分前くらいには自分から車に乗るようになります。

子どもが自分から行動できた時には、「今日は時間通りに乗れたね」と子どもの行動をしっかりと認めてあげます。

出発したあとも、「計画通りに家を出られたから、渋滞に巻き込まれず目的地までスムーズに行けそうだよ」「思ったより早く到着できたから、予定より長く遊べるよ」などとメリットを伝えることで、子どももだんだんと時間通りに行動することの大切さを学んでいきます。

先を見通し、計画的に行動できるようになれば、学校での課題やテストへの取り組み方も変わってきます。

テストであれば、試験の1週間前から勉強を始めたのでは遅すぎるから、少なくとも2週間前には着手しなければならないと考えられるようになります。さらに3週間前から始めれば、「分からない部分があっても余裕をもって学べるな」と考え、自分で立てた勉強計画に沿って行動できるようになるのです。

時間がない中で工夫することで脳は育つ

子どもを本当の意味で賢く、将来、自立した人間に育てたいと思うなら、ぜひ家事をやらせてください。

子どもが受験生であるなら、なおさら家事をさせることがお勧めです。

家事は日常生活を回す上でやらなければならない生活の軸です。家事は無数に存在する上に内容が固定されておらず、新たに発生するものもあれば、やり方が変わるものもあります。そうした些事をきちんと把握し、勉強や好きなことの合間にこなしてこそ、脳の処理速度や同時処理能力、注意力が上がるわけです。

勉強や仕事ができる人とそうでない人の一番の違いは、やるべき時にやるべきことを短時間で遂行できるかどうかだと思います。

やらなければならないタスクが増えた時、対処法として「睡眠時間を削ること」を考える人は多いでしょう。しかし、それでは脳は育ちません。

時間がない中で工夫するからこそ脳は育つわけで、睡眠時間を削り、処理速度を変えずに作業を続けることは、そうした訓練を最初から放棄しているようなものです。

処理速度を上げるためには、やるべきことの優先順位づけや取捨選択をする必要があります。大人でも、企画書の提出期限が迫っているのにダラダラとネットサーフィンを続けたり、意味のない飲み会に出かけてしまったりするのは、それができていない証拠です。

脳の処理速度を上げて勉強時間を捻出

ですから、たとえ試験前であっても、家事というやらなければならない生活の軸があることで、子どもは勉強時間を捻出するために考えるようになります。

わが家では、娘が幼い頃から家事を役割分担していました。家事を少しでも早く終わらせれば、その分、自分の時間を長く確保できますから、娘はできるだけ家事の時間を短縮しようと工夫するようになります。

その甲斐あってか、幼少期はぼうっとしていた娘も、高校3年生の頃には朝ご飯の支度と同時に学校に持っていくお弁当も準備しながら、「今日は可燃ごみの日！」と家中のごみをまとめて出し、学校に遅れないように家を出られるまでに成長しました。

学校での勉強や部活動の傍ら、家ではきちんと家事をこなすことで、娘の脳は自然と処理速度を上げていったのです。

家事を通して脳の処理速度を上げ、優先順位づけができるようになれば、子どもは言われなくても今自分がすべきこと、自分にとって必要なことを取捨選択できるようになります。

親は子どもの召使いにならない

子どもに家事を分担する時は、「家庭では家族全員が安定した生活を送るために、一人ひとりが役割をもたなければならない」ということを伝えます。

自分以外の家族が少しでもラクになるよう、自分にできることを考えてお互いに助け合う、そんな関係を築くことが家庭生活です。一人の構成員として、子どもにもしっかりと役割をもたせましょう。

子どもが家事をすることは「お手伝い」ではなく、あくまで「生きる上でやらなければならないこと」だと教えます。

親としては「家事は大人になってからいくらでもできる。今しかできない勉強や部活動に励んでほしい」と思うかもしれません。しかし、勉強や部活動は、生活における役割を回避するための免罪符にはなりません。

最近では、子どもの部活動のために親が早朝からお弁当をつくり、学校まで車で送り届け、さらに部活で泥だらけになった洗濯物を洗うのでヘトヘト……という話をよく聞きます。

わが家でも、娘を車で駅まで送迎することはありましたが、その際は必ず「ありがとうございます」「すみません」と言わせ、それが当たり前ではないことを認識させていました。

子どものために親が振り回されていいのは幼児までです。

脳が完成形に近づく高校生になっても、親を召使いのように動かすことに本人が何も思わないのであれば、脳が未発達であると言わざるを得ません。

家事を通して「役割を果たす力」を身につける

仮に家事を、「お手伝い」として子どもにやらせた場合はどうなるでしょう。時間がある時にだけやらせたり、お手伝いの対価としてお小遣いをあげたりしていたら、子どもの脳は育ちません。

家庭内の役割分担というのは、それをやらなければ生活が立ち行かなくなるような、責任を伴うものが望ましいでしょう。

ある親御さんから「トイレ掃除を子どもに担当させて、週1回掃除をすると約束させたのに、全然約束を守りません」という相談がありました。「嫌々やらせても全然キレイにならないので、仕方がないから私がやっています」と言われましたが、これでは子どもの「こころの脳」は育ちません。極端な話、多少トイレが汚くても生活は回っていくし、その子自身も困らないからです。

子どもが分担する役割として、サボれば本人も不便を感じるような、生活に支障をきたすものは何かと考えてみましょう。

もし炊飯器にお米をセットすることを忘れたなら、ごはんが食べられなくて困りますし、いつまでも洗濯物をため込んでいたら学校に着ていく服がなくて困ります。そのため、与えられた役割を果たさざるを得なくなります。

これは決して、子どもへの意地悪ではありません。「自分が役割を果たさなければ、家族全員が困ってしまう」と感じ、どんなに疲れていても自分の感情をコントロールして役割を果たす力は「こころの脳」の働きです。

「疲れたから寝転がっていたい」「ゲームをしていたい」といったサボりたい気持ちに抗《あらが》いながら、毎日の家事をこなすことで「こころの脳」は少しずつ育っていくのです。

生活から得られる自己肯定感は揺るがない

もし、「あなたの仕事は勉強をすることだから」と一切家事をさせずにいたら、子どもは自分は庇護《ひご》され、与えられる存在でしかないと感じます。

家事という役割を与え、サボると生活が回らなくなるような状況をあえてつくることで、子どもは「自分は家族から必要とされている存在なんだ」と実感でき、親も子どもに対し、心からの「ありがとう」が言えます。

自分の役割を果たし、親から感謝されることで子どもの自己肯定感は上がります。

学校で得られる自己肯定感は、「友達よりテストの点数が良かった」「部活でレギュラーになれた」などの相対的な評価であり、常に勝ち続けない限り簡単に揺らぐ可能性があります。

その点、家庭生活で得た自己肯定感は絶対的なものです。

たとえ学校で友達と上手くいかなかったとしても、「自分には家庭という居場所がある」と思えることが子どもの心の拠りどころになります。

また、気が進まない友達付き合いに対しても、「家に帰って家事をしないといけないんだよね」と大義名分のもと、堂々と抜けられます。

家事を分担するようになると、「本当にこの子に任せて大丈夫かな？」と心配になることもあると思います。子どもと一緒に生活を回していくと、最初のうちはどうしても抜けや漏れがあったり、失敗をすることがあったりします。

しかし中学生にもなると、親も驚くほど一人で上手にできるようになり、親の心配が信頼に変わっていきます。

そうして生活力を高めて自信をつけた子どもは、「早く自立したい」と思うようになります。そうなれば脳育ては成功したも同然です。

家庭内で「ありがとう」「ごめんなさい」を循環させる

もちろん、体調不良や学校行事などで役割が果たせない日もあると思います。そんな時は、柔軟に役割を交代すればいいのです。代わりにやってもらったら、家族であっても「ありがとう」「ごめんなさい」をきちんと伝えることを教えましょう。

子どもは自分が家事を担うことで、はじめて親にやってもらえるありがたみに気づき、家族の間でも自然と感謝や助け合いの気持ちが生まれます。

例えば、ある家庭では洗濯物を取り込むのは子どもの役割だったとします。夕方から雨が降ってきましたが、その日に限って部活で帰りが遅くなってしまいました。「洗濯物、濡《ぬ》れちゃったかな」と思いながら家に帰ると、先に帰宅していた母親が洗濯物を取り込んで畳んでくれていました。

子どもは母親に、「ありがとう、助かった！」と心からの感謝が言えます。

このようにして、家事の役割分担をベースに、家庭の中にたくさんの「ありがとう」「ごめんなさい」が循環するようになります。

家庭という最小単位の社会の中でこうした環境をつくっておけば、子どもは大人になってからも感謝や謝罪の言葉を素直に言うことができ、周囲と助け合える人間になります。

家事を通して家族と生活を回していく経験が、社会に出た時に円滑な人間関係を築くための土台となるわけです。

難易度が高い「料理」は脳育ての宝庫

家事の中でも料理は危険度が高く、失敗した時のダメージも大きいことから、子どもに任せるのは難しいと考える親御さんも多いと思います。しかし子育て科学アクシスでは、

2歳から積極的に子どもをキッチンに入れ、できる範囲でどんどん参加させることを推奨しています。

なぜなら家事の中でも特に料理は、子どもの脳育てに役立つ要素が満載だからです。

まず、自分の食欲を感じ、今必要な食べ物が何かを考えるのは「からだの脳」の役割です。それに合わせ、献立を考える時には「おりこうさんの脳」が活性化します。調理中、大きな怪我にならない程度の身体経験をすることは「からだの脳」を刺激します。「からだの脳」が発達することで、鍋に触れて「熱い」と手を引っ込めたり、大根をすりおろす時に指をすらないように気をつけたりと危険を回避できるようになります。

さらに手先を器用に使い、食材の状態を見極めながら調理をすることは「おりこうさんの脳」を育てます。できたてのおいしいタイミングでご飯を食べられるよう、食事の時間から逆算し、同時進行で何種類かのメニューを調理する段取り力は「こころの脳」の働きです。

こうした準備から完成までの一連の工程を通して、子どもの脳は満遍なく活性化され、部分的にしかかかわらない「お手伝い」では得られない脳育ての効果が得られます。「今日はこの食材を使ってご飯をつくってね」とお膳立てをしてしまったら、脳はそこまで活性化しません。

わが家でも娘が2歳の時から子ども用の包丁をもたせ、食事づくりに参加させていました。もちろん、最初のうちは危険がないように親がしっかりと注意して見ていてあげます。時には失敗して食材をダメにしてしまうこともありますが、それも子どもの脳育てに必要なプロセスと思って、親も腹をくくりましょう。

受験に失敗したら話しておきたいこと

家事の必要性について、娘の浪人時代のエピソードを紹介しましょう。

娘から医学部受験をするという話を聞いたのは、高校2年生の時でした。それまでは、学校に提出する進路希望表を見たこともなかったため、私としては寝耳に水でした。

わが家では私も夫も医者ですが、2人とも娘が医者を目指すことには正直、賛成しかねる思いでした。医学部受験は私たちの時代よりもはるかに難易度が上がっており、並大抵の努力では合格できないことを十分知っているからです。

それでも「頑張る」と言って受験生になった娘の様子を傍《はた》から見ていても「この調子では合格は難しいだろうな」と思っていました。案の定、娘は現役では合格することができず、本人も不合格になったことで勉強不足を自覚したようでした。

「生半可な気持ちで取り組んでは、浪人してもまた落ちる」と思った私は、浪人が決まったタイミングで娘と膝を突き合わせて話しました。

「あなたは両親が医者だから、この職業しか目に入らないのかもしれないけど、世の中には素晴らしい職業がいくらでもあります。お父さんもお母さんも、研究職に就いたり大学で教鞭を執ったりしているから、私たちの姿は一般的な医者の姿とは異なります。あなたは誤解しているかもしれないけど、医者という仕事は精神的にも肉体的にも負担が大きい、本当に大変な仕事なんだよ」

これは、娘が幼い頃から私が言い続けていたことでもありました。そして最後に、「今の医学部受験は本当に大変だから、医者以外にも、これだったら自分を活かせると思える職業をもう一度よく考えてみなさい」と言い渡しました。

すると3日後、娘は「いろいろ考えたけど、やっぱり医者が一番なりたい職業だと思うんです」と言いました。

本人曰《いわ》く、得意なことでいえば英語や絵を描くこと、興味があることなら心理学が該当する。しかし、芸術の分野で手に職をつけるのは難しいから、趣味に留めようと思う。英語や心理学に関しては、医師免許を取得したあとでも学ぼうと思えば学べる。そう考えると、やはり医者になる道が捨てきれない、なのでもう1年勉強させてください、ということでした。

娘の揺るがない決心を聞き、私も「わかりました」と納得しました。「それならば、いいですか。受験には合格と不合格がある。その境界線のほんの少しでもいいので、合格ラインに入れるように頑張ってください」と伝えました。

そこから医学部進学に向けた、娘の浪人生活が始まりました。

浪人中の娘に朝食係を任せた理由

幼少期から家事分担をしていた娘ですが、浪人時代にも変わらず家事を担当していました。むしろ、現役時代よりも家事の負担は増えていました。

「お母さんは毎日仕事で忙しく、あなたは時間があるので、自分で食事を用意することはできるはず。これからはお金を出すのでスーパーで食材を買ってきて、食事の準備をしてね。朝はお母さんの仕事の時間に合わせて朝食を用意してくれると助かる」と伝えました。

とはいえ、この時ばかりはさすがに親としての葛藤がありました。

本書でも「親として常に諦める覚悟が必要」と散々語ってきましたが、「浪人中に家事をやらせた結果、来年もまた落ちたらどうしよう」という不安が脳裏をよぎり、これまで相談に来られた親御さんの気持ちが痛いほどよくわかりました。

そんな親の気持ちを知ってか知らずか、娘は「生活リズムをつくるためにも、浪人中も家事を続けたいと思っていたよ。一日中、好きなだけ勉強できるとなると、かえって集中力が続かないからね」と二つ返事で承諾しました。

娘には「あなたの前頭葉を育てるのに、料理は最適だよ」と伝えていましたが、食事係を任せた理由としては、今のうちに生活の必須スキルを身につけさせておきたいという思いもありました。

翌日から、インターネットの料理サイトで調べながら、娘はさまざまなレシピに挑戦しました。浪人中の娘は、朝4時に起きて勉強を始め、時間になったら家族3人分の朝食の準備をしていました。

朝食後は予備校に通い、帰り道にスーパーで買い物をしつつ、夜8時になれば布団に入って翌朝4時まで8時間たっぷり眠るという生活を続けていました。

娘は浪人中に「集中して勉強する力」を伸ばした

予備校に関しては、浪人生活を始めるにあたり、本人から「さすがに1年間、自宅浪人で医学部に入るのは難しそうなので、予備校に行かせてほしい」と申し出がありました。「とはいえ、本来なら必要ないはずの費用だから、少しでも抑えられるよう、最大限の費用対効果が期待できるカリキュラムを考える」と言いました。

そこから自分で医学部受験に特化した予備校をいくつか探してきて、それぞれの費用を調べ、「毎日講義を受けると高くつくから、週2日、苦手科目だけ受講することにする。講義以外の時間は自習室で勉強する」というところまで自分で決めてきました。

こうした点は、これまでの経済教育の成果だと心強く感じました。私もこの時に初めて知ったのですが、医学部専門予備校は驚くほど授業料が高いのです。「苦手教科だけで大丈夫なんだろうか」とは思ったものの、さすがに「週5日、全科目受講するとなると家計が厳しいな」とも感じていました。最終的には娘の決断を尊重し、親として覚悟を決めました。

娘は予備校の講義と自習室での学習をうまく組み合わせ、みるみるうちに学力を上げて

たっぷり睡眠受験の1日のスケジュール

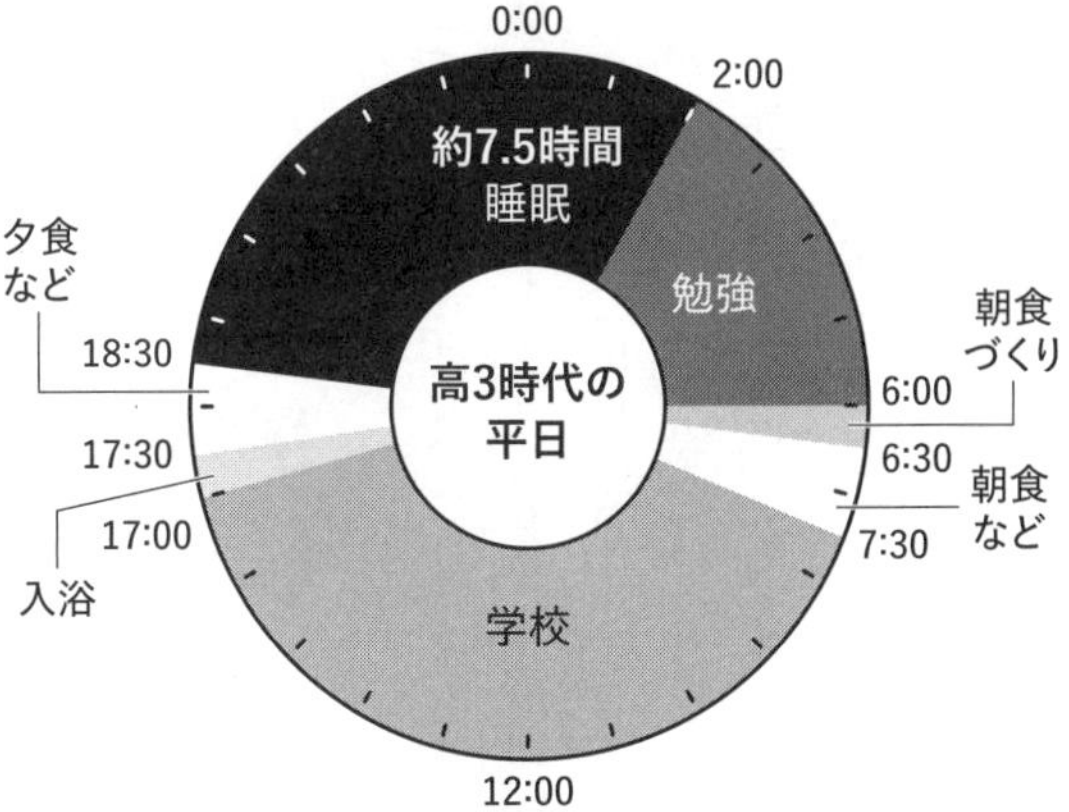

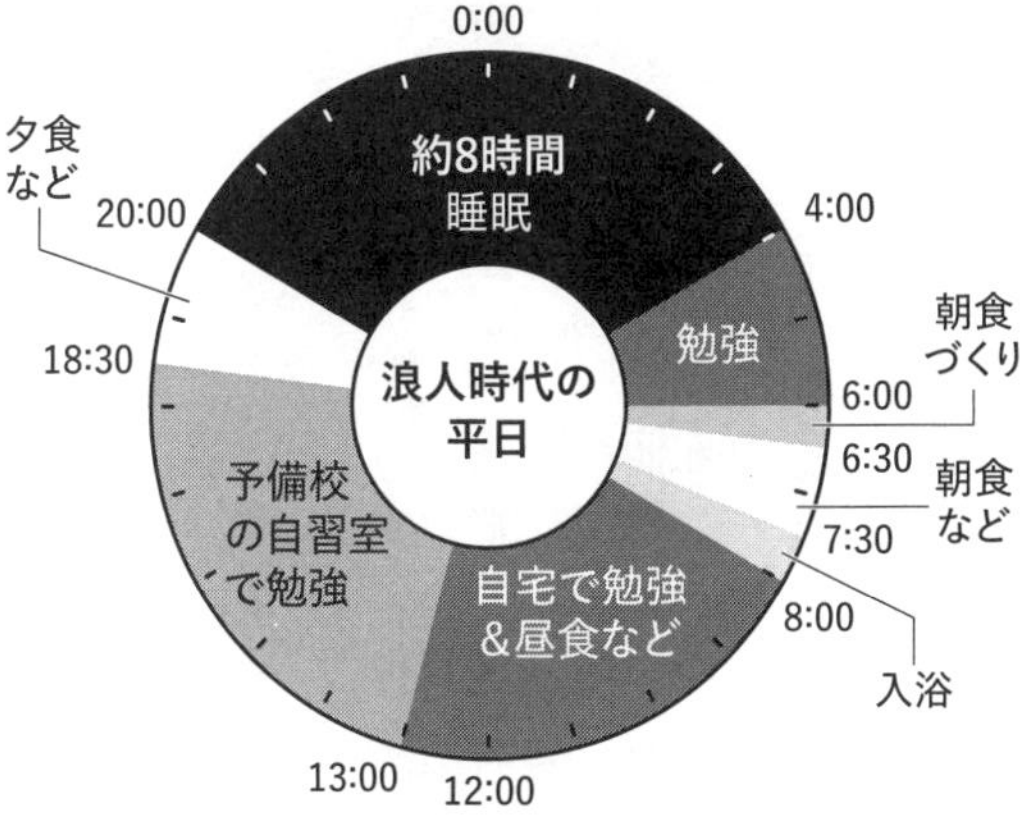

いきました。

「寝る間も惜しんで勉強するのが当たり前」と思われている医学部受験生の中で、娘の勉強時間は圧倒的に少なかったと思います。しかし、だからこそ娘は浪人時代に「集中して勉強する」ということができるようになったのです。

結果、一年間の浪人生活を経て国立大学の医学部に合格することができ、おまけに料理の腕まで上げていました。

娘にとって、この成長は非常に意味があるものでした。というのも、医学部は入学後も試験の連続です。入学すると間もなく、生理学、解剖学、法医学などの膨大な基礎科目があり、それが終わると今度は内科、小児科、外科、麻酔科、皮膚科と途方もない数の専門科目の試験が待ち受けています。そのうちの一つでも試験に落ちると進級できないため、入学後も1割程度の学生が留年するような世界です。

浪人中に短時間で集中し、脳の処理速度を上げる訓練をしておいたお陰で、娘は無事留年せずに卒業することができそうです。もっとも娘の成績は下から数えた方が早く、けっこう危なかったようですが。

「学校に行けない」子どもの気持ちを認めるには

家での役割を任せることが有効なのは、不登校の子どもにも当てはまります。

子どもから「学校に行きたくない」と打ち明けられたとき、たとえ今は学校に行けなくても、来年、再来年も行けないとは限りません。しかし、不登校のお子さんをもつ親御さんの多くは、「一度、学校に行かなくてもいいと認めてしまったら、この子は一生学校に行けなくなるんじゃないか」と心配されます。

学校に行く・行かないを評価基準にして、「頑張って行ってらっしゃい」と子どもの背中を押し、行けば褒め、行かなければ失望する。そんな状況では、子どもの不安は増すばかりです。

子どもが、「もう頑張れない。学校には行きたくない」と言ったら、自分の辛い胸の内をきちんと言語化できている証拠です。

まずはオウム返しで「行きたくないんだね」と、その事実を認めてあげてください。

責められると思っていた子どもは、自分の気持ちを受けとめてくれた親に対し安心感を抱きます。場合によっては、自分から学校に行きたくない理由を話してくれることもあります。

子どもが話し始めたら、子どもの気持ちに寄り添いながら丁寧に耳を傾けましょう。自分の気持ちを言葉に出したことで頭が整理され、「やっぱり行こうかな」と自ら気持ちを立て直せる場合もあります。

本当は学校に行かなければならないことは、子どもが一番よくわかっています。それでも「行きたくない」という気持ちを言葉にできるのは、親子の間に信頼関係があってこそです。自分の子どもが不登校になると、親はどうしてもネガティブに捉えがちですが、自分からSOSをきちんと出せるのは大事なことです。

そこで、「何言ってるの、ちゃんと学校に行きなさい」とピシャリと怒ってしまうと、子どもは二度と親に自分の本音を打ち明けなくなってしまいます。

不登校になったら、家事で自己肯定感をアップ

ただし、不登校は子どもの自己肯定感が下がりがちですから、その点についてはフォローが必要です。

学校に行かずに家にいるのであれば、子どもに家庭での役割を与えます。

「学校を休むのは構わないけど、お父さんやお母さんは仕事で日中は家にいないよ。その間、あなたは家にいて時間もあるだろうから、家事をやっておいてね」と約束させます。お米を研いで炊飯器にセットする、洗濯機を回して洗濯物を干す、乾いた洗濯物を取り込んで畳むなど、家で子どもにできることはいくらでもあります。これは決して学校に行かない罰などではなく、あくまでも子どもに責任ある役割を与えることが目的です。

不登校になった子どもは、何かしら自信をなくしています。友達と上手くいっていないこと、授業についていけないことなど、理由は何であれ、学校での居場所を失《な》くしてしまった状態です。

そこで家事という役割を担うことで、家での居場所を見つけることができます。家に炊き立てのご飯があれば、スーパーの惣菜《そうざい》を買って帰るだけで、パパッと夕食の用意ができます。ささいなことですが仕事で疲れ切った親にとっては非常にありがたいものですし、ご飯を炊いてくれた子どもに心からの「ありがとう」が言えます。

そこで本心ではなかったとしても、「あなたがいてくれると本当に助かる。もうこのまずっと不登校でいいよ」と言います。すると子どもはあまのじゃくなもので、「ごめん、明日からごはん炊けなくなるかもしれない」と、自分から学校に行く気を起こします。

日中、家で何もしないでいても自己肯定感は下がるばかりですが、家事をして親から感謝され、「家族の役に立っている」という実感がもてれば、それが自信につながります。そして「明日は学校に行けるかも」と思えるようになるのです。

これは子育て科学アクシスに相談に来られる親御さんに実際にやってもらっている方法ですが、本当に効果があります。

成田娘のホンネ⑦ 「何があっても自分は大丈夫」と思える理由

私はもともと楽観的な性格ですが、それを支えているのが早寝早起きや十分な睡眠などの「生活の軸」だと実感しています。大学受験の失敗など、困難な状況に直面した時でも「私には健康な心と体があるから大丈夫！」と思うことができています。

全く根拠がないわけではなく、「真面目に勉強すれば次は受かる確率が上がるし、たとえ受からなくてもアルバイトや別の職業で生きていける」と本心から思っていました。

特に医学部に入学してからは、これまで以上に「体が資本」ということを実感しています。

医学部には優秀な学生がたくさんいますが、子どもの頃から勉強を頑張り過ぎた結果、過度なストレスや不規則な生活リズムにより、20代前半で心身の健康を害している子が少なくありません。そういう子は「赤点を取ってしまった」など、ちょっとしたつまずきですぐに心が折れてしまいます。

何はなくとも、まずは早寝早起きと十分な睡眠。そうして体の健康状態が整えば、私のように少々のことではへこたれない、折れない心が育つはずです。

第8章　子どもの世界が広がる大切な経験

「保育園はかわいそう」と思わない

日本にはかつて、子どもが3歳までは母親が子育てに専念することで、親子の愛着が形成されるという「3歳児神話」が支持されていた時代があります。

戦後、日本で流行した育児論であり、現在の子育て世代の間では死語になりつつありますが、いまだに「生まれて間もない子どもを保育園に預けるなんてかわいそう」という価値観をもつ人はいます。

そうした言説にとらわれ、「もっと一緒に過ごしてあげた方がいいのだろうか」「仕事ばかりしている自分は、親失格かもしれない」と自責の念に駆られている親御さんもいらっしゃるかもしれません。

しかし、3歳児神話には科学的な根拠が一切ありません。脳科学の知見からいうと、親子の愛着と時間の長さに因果関係はなく、親子の愛着は「不安のない親」が「不安のない子ども」と接することにより育まれます。どれだけ一緒に過ごしたかという時間は関係ないのです。

仮に母親が24時間、片時も子どものそばを離れずに面倒を見ていたとしても、家事や育児のストレスからネガティブ思考になっていれば、健全な親子の愛着は形成されません。

一方、0歳から子どもを保育園に預けていたとしても、親の心が健やかで、たとえ短くても子どもと過ごす時間を心から楽しんでいるのであれば、その方がずっと子どもの脳育てにはいい影響をもたらします。

保育園で過ごすことは、役割分担のはじめの一歩

幼少期は、在宅育児の子どもより、保育園に通園している子どもの方が生活リズムが整いやすいというメリットもあります。ですから、子どもを保育園に預けることに罪悪感を覚える必要などなく、むしろ親は堂々と稼ぎましょう。

朝、仕事に行く時には「行ってくるね」と笑顔で別れ、お迎えの時も「お母さん、お仕事頑張ってきたよ」と有意義な時間が過ごせたことを伝えます。

もし、お迎えのたびに「いつも遅くまで待たせてごめんね」「家で遊べなくてかわいそう」と親が思っていたら、子どもはどんどん不安になります。

そうなると子どもは常に親の顔色を窺い、親を満足させるような言動ばかりするようになり、自分から新しいことに挑戦できなくなります。結果、母子分離が難しくなり、保育

園に通えなくなるということが容易に起こります。

お迎えの時間が遅くなってしまった時には、大げさに謝る必要はありません。いつもより遅くなり、子どもを不安にさせたことに対して「ごめんね」と謝るのはいいですが、子どもが保育園で過ごすこと自体は「生活」であり、それ自体には謝る必要はありません。

その代わり、「あなたが保育園で待っていてくれたおかげで仕事がはかどったよ。ありがとう」と伝えましょう。すると、子どもは親の役に立てたことをうれしく感じます。

子どもが保育園で過ごすことは、幼いながらも家族としての役割分担を果たす最初の一歩です。

「いっぱいお金を稼いできたから、今度おいしいごはんを食べに行こうね」などと意図的に伝えることで、子どもは「親の役に立っている」と自覚でき、自己肯定感を高めることができます。

学童保育が大きなストレス源になることも

共働き世帯の増加に伴い、子どもが小学校に上がってからは学童保育を利用する家庭が増えています。保育園同様、近年では学童保育所でも待機児童問題が指摘され、増え続けるニーズに応えるべく施設数の急増や大規模化が進んでいます。

厚生労働省は、学童保育所の適正な規模について「おおむね40人程度まで」と基準を定めています。しかし、実情に応じて各自治体に判断が委《ゆだ》ねられるため、70人を超える大規模施設も年々増えています。支援員さんがすべての子どもに目を配ることが難しく、子どもたちが落ち着いて過ごせない、子ども同士のトラブルが増えるといった問題も起きています。

私は仕事上、さまざまな学童保育所に視察に行き、児童の行動観察や運営に関するアドバイスを行っていますが、残念ながら保育の質より量を優先させた結果、弊害が起きていると言わざるを得ません。

もちろん、すべての学童保育所がそうというわけではなく、児童の自主性を尊重し、子どもたちが伸び伸びと過ごせる学童もあります。学童に頼らなければ生活が回らないという家庭も多いでしょうし、全面的に否定するつもりはありません。

ただし子どもの性格によっては、学童に不向きな場合もあるということを覚えておいてください。

学校と同様、学童では仲のいい子もそうでない子もいる環境で長時間を過ごさなければなりません。周囲と上手く馴染み、誰とでも楽しく遊べるような集団適応力が高い子どもであれば、学童でも問題なく過ごせるでしょう。しかし、そうではない子どもにとって、学童での集団行動はストレスでしかありません。

学童では支援員さんの指示のもと、「今からおやつの時間です」「宿題が終わるまで遊んではいけません」などと、子どもの行動が細かく指示されます。異なる年齢の子どもが一堂に会する場所ではそうした指導が必要なことも理解できる反面、集団行動は学校の中だけで十分ではないかとも思うのです。

こうした学童への適性を見極める意味でも、やはり小さいうちから子どもをしっかりと観察することが何よりも重要です。

マイペースな子どもには、シッターさんがお勧め

わが家では、娘が小学校に入学してからも、保育園時代からお世話になっていたシッターさんに引き続き来てもらっていました。結果的にこれが大正解でした。

シッターさんのいいところは、放課後、子どもが自分の家に友達を招いて自由に遊べることです。周囲を気にせず、気の合うお友達同士で好きな遊びができるため、マイペース

な娘には学童よりも断然合っていたと思います。また、自分たちで創意工夫をしながら遊ぶことは、脳育ての上でも非常に重要です。

学童にも遊びの時間はありますが、支援員さんによって遊びの内容や場所が細かく仕切られていることが多いものです。内容や場所も含め、子どもたちがクリエイティブに遊びを生み出せる環境の方が、脳はより良く育ちます。その時期に子どもを学童に通わせることは「かわいそう」というより、むしろ「もったいない」と感じてしまいます。

シッターさんというと、「お金が高いのでは?」と敬遠される方もいますが、わが家では幼少期から早期教育や習い事をほとんどやらせてこなかったので、そのお金をすべてシッターさんに回していました。

当時は夫の単身赴任により完全なワンオペでしたが、それでもシッターさんには週2日程度来てもらうことで何とか生活を回していました。他の日は、お友達の家に遊びに行かせてもらったり、近所のトリミングサロンに見学に行かせてもらったりするなど、娘は自由気ままに放課後を楽しんでいました。

学童は子どものヒエラルキーが顕著になる小4で卒業

従来、学童は10歳を過ぎると退所しなければならず、それが共働き世帯の間で「小4の壁」として話題になりました。

しかし2012年の児童福祉法改正により、2015年から学童の対象児童は「10歳未満」から小学6年生までに引き上げられました。この改正について、私は本当に必要性があったのか、疑問を感じています。

理由の一つは、小学校高学年ともなると、子どもたちの間にヒエラルキーが生まれることです。

低学年のうちは和気あいあいと遊んでいた子どもたちも、4年生頃から容姿や発言力などにより序列が生まれ、人気者のグループとクラスの隅っこにいるようなグループの差が明確になります。

私自身は紛れもなく後者でした。小学校時代は4回の転校を経験し、すでにできているグループの中に飛び込むこともできず、集団に適応するのがとても苦手な子どもでした。

私自身がそうでしたから、ヒエラルキーの下のグループにいる子どもが放課後も集団生活を強いられるストレスは、想像に難くありません。

「こころの脳」が育ったらかぎっ子に

学童を利用する場合でも小学校低学年までに留め、高学年以降はできればシッターさんに依頼するか、「かぎっ子」にすることをお勧めします。

小学生の子どもを信頼して鍵を預けることに、不安を覚える親御さんもいるでしょう。しかし、それまでに家庭生活を通して子どもの脳育てができていたなら、個人差はあるものの、4年生にもなれば「こころの脳」が育ってきます。放課後、親が帰ってくる夕方までの時間であれば、一人でも十分お留守番をすることは可能なはずです。

実際に鍵を渡す時には、「お父さんとお母さんは外で仕事をしてくるから、先に帰宅したあなたが洗濯物を取り込んで畳んでおいてね」などと、家族の一員として生活の役割を遂行しなければならないことをきちんと伝えておきます。

それまでの生活で、きちんと役割分担ができている家庭であれば、子どもは親が見ていないところでも自分の役割を遂行できるはずです。

そこを怠ったまま、いきなりかぎっ子にしてしまうのは危険です。実際に、親が帰ってくるまで友達とゲームばかりしていたり、深刻なケースでは、親が見ていないからと子どもが家で火遊びをしたり、スーパーで万引きをしていたケースもありました。

ですから、4年生になったからといって考えなしに鍵を預けるのではなく、子どもの「こころの脳」がある程度育ち、生活の軸ができたことを確認したタイミングで渡すようにしてください。

差別や偏見のない心を育てるには

最近では、子どもをグローバルに活躍できる人間に育てたいと考え、積極的に海外体験をさせる家庭も少なくありません。

わが家では、娘が11歳の時に1カ月間のブラジルキャンプに参加させました。きっかけは、私の友人から「面白いキャンプがあるよ」と教えてもらったことでした。

このキャンプでは世界12カ国60人の子どもが集まり、さまざまな国の子どもと触れ合う中で、差別や偏見の意識をなくすことを目的としたプログラムが行われます。

11歳は、ちょうど「こころの脳」が発達するタイミングであり、この時期に子どもの抽象概念が確立されます。多様な文化や言語に触れることで「みんなで仲良く」といった抽象的な価値観を身につけ、差別・偏見のない心をつくるというキャンプの狙いは、脳科学の知見にも当てはまります。

娘に提案したところ「行ってみたい！」と熱望し、娘は単身でキャンプに参加することになりました。

参加が決まってからも、娘は一切英語の勉強をすることがなく、簡単な挨拶以外は全く話せない状態のまま旅立ちました。

海外体験は何歳になってからでも遅くない

自分が生まれ育った文化や価値観と異なる世界に飛び込むことは、脳への大きな刺激になり、何歳からでも経験しておいて損はないと思います。

注意したいのは、せっかく海外に行ったのに、日本人同士で固まってしまうことです。私は一時期、夫と2人でアメリカのミズーリ州に留学していました。滞在したところは小さな田舎町であったにもかかわらず、日本人は日本人だけで固まって生活していました。

私たち夫婦は日本人が住む区画とは異なる、別の区画にある家を気に入り、そこに住み始めました。あとから知ったのですが、その区画はＬＧＢＴＱのカップルが多いことで有名で、私たち夫婦は同じ町に住む日本人とはあまり交流がありませんでした。

私たちは隣家に住む男性カップルとすぐに打ち解け、お互いの家を行き来する間柄になりました。その町では他にもたくさんの出会いに恵まれ、帰国した今でも交流が続いています。

旅行にしろ留学にしろ、せっかく海外に行くのであれば、日本ではできない経験を自ら選択できるといいと思います。親が「現地の人と交流しなさい」と仕向けるのではなく、子ども自身が率先してそういう経験を選べるようになることが、本当の意味での差別・偏見のない子育てだと感じています。

ブラジルキャンプに参加した娘は、エクアドル人やフランス人の子どもとルームメイトになり、最初のうちは全く言葉が通じずに苦労したそうです。しかし、すぐに身振り手振りでお互いの意思が伝わるようになり、楽しい1カ月を過ごせたようです。

娘を叱った意外なきっかけ

娘がブラジルキャンプから帰国した際、ちょっとした事件がありました。

私が空港の到着ゲートで待っていると、娘が日本から参加した他の子どもたちと一緒に現れました。子どもたちはそれぞれ、迎えに来ていた自分の親を見つけ、「ただいまー！めちゃくちゃ疲れたけど楽しかった！」「よかったね、随分と日に焼けたね」と再会の喜びに浸っていました。

娘も私を見つけると、「ただいま！　楽しかったよ〜！」と満面の笑みで駆け寄ってきました。その瞬間、私は「ちょっと来なさい」と娘を停めておいた車に連れて行き、そこから1時間のお説教を始めました。

この時の娘は11歳、「こころの脳」である前頭葉はもう育ち始めていてもいいはずです。それならば、自分がこの1カ月間のキャンプに参加させてもらうために、親がしてくれたことに思い至ってもいいはずです。費用の負担をはじめ、渡航に必要な予防接種や同行してもらうスタッフさんへの挨拶、荷造りなど、親のサポートの上にキャンプ体験は成立しているわけです。

ですから帰国して最初の一言は、何を差し置いても「ありがとうございました」でなければなりません。そのことをブラジルから帰国して早々、約1時間かけて伝えたわけです。

「せっかく楽しい気持ちで帰国したのに、娘さんがかわいそう」と思われるかもしれませんが、どんな時も家庭は「ありがとう」「ごめんなさい」を学ぶ場所です。

こうした生きていく上で基本となるコミュニケーションを学べる場所は、家庭生活をおいて他にないのです。

「うちの子は特別」が子どもの差別心を生む

このキャンプが娘の脳育てにいい影響があったことは間違いありませんが、日常生活の中でも、差別や偏見の意識をなくすことはできます。

そもそも、差別や偏見の意識はどのようにしてつくられるのでしょうか。生まれたばかりの赤ちゃんは、当たり前ですが差別や偏見の意識をもっていません。しかし、「おりこうさんの脳」が発達する際、周囲の大人の認知の仕方をインプットする過程で、差別的な物の見方を獲得してしまう可能性があります。特に子どもが影響を受けるのが、毎日の生活を共にしている親です。

自分では「差別や偏見の意識がない」と思っていても、無意識のうちにそうした考え方をしているケースは意外とあります。

例えば、「いい大学を卒業しないと、将来お金が稼げなくて苦労する」という言葉は、言外に大学を出ていない人を差別しています。こうした無意識の差別や偏見はいたるところに存在します。

「有名私立中学に通っているうちの子は特別だ」という考えは公立中学に通う子どもを見下していますし、「発達障害があるあの子は授業中騒ぐから、うちの子とクラスを分けてほしい」という発想は、障害がある子どもを差別しています。

こうした親の歪《ゆが》んだ認知は、そのまま子どもの認知に刷り込まれてしまいます。差別・偏見の意識をもたない子どもを育てるには、親がお手本になるしかありません。

発達中の子どもの脳には「ミラーニューロン」と呼ばれる神経があり、身近な大人の言動を見ているだけで、大人の脳と同じ部位が活性化することがわかっています。

まだ親と同じようには振る舞えなくても、子どもは脳内でシミュレーションしています。いずれ成長した時に適切な言動ができるよう、繰り返し親が子どもにお手本を見せておくことが重要です。

子育てではつい自分の子どもにばかり目がいってしまいますが、世の中にはいろいろな人がいて、自分とは異なる価値観の人がいることも受け入れる。

親は周囲の人に対し、常に「ありがとう」「ごめんなさい」を言い、困っている人を見つけたら助ける。

それだけでも子どもの脳はよく育ちます。

世の中にはいろんな人がいることを教える

筑波学院大学の元学長である門脇厚司《かどわきあつし》さんの造語に、「社会力」という言葉があります(『子どもの社会力』門脇厚司著/岩波新書)。社会性という言葉は一般的によく使われますが、社会力という言葉は聞き馴染みがないですよね。社会力について、門脇さんは「人と人がつながり、社会をつくる力」だと定義しています。

そして、子どもたちの社会力を育てるには、なるべく多くの大人と接する機会をもつことが大事だと説いています。

世の中にはいろいろな人がいるということを知り、そのことが子どもの心に自然と馴染んでいく。この考え方は、差別や偏見のない心を育てることにつながっていると私は感じます。

例えば電車の中で大声でしゃべっていたら、「うるさい! 静かにしろ!」と怒鳴るおじさんがいたり、スーパーで走り回っていたら「危ないから走らないの!」と叱るおばさんがいたりする。一方で同じように振る舞っていても「元気があっていいわねえ」とニコニコ話しかけてくれるおばあさんもいる。

世の中にはさまざまな人がいて、同じ言動でも受け取り方は人によって異なります。こうした人それぞれの反応に接した時、自分に都合のいいものだけを是《ぜ》とせず、あらゆる反応があることを理解し、受け入れる心をもつことが社会力につながっていると私は考えます。

「社会力」があれば、家庭内のトラブルも丸く収まる

同じようなことが、家庭の中でも起こります。例えば、ある家庭では子どもに夕食前のお菓子を禁止していたとします。ところが、同居しているおばあちゃんはそんなことにはお構いなしに孫にお菓子を与えてしまいます。

そこで母親が、「勝手にお菓子を与えないでください！」とおばあちゃんに注意してしまうと、子どもの社会力を育てる機会が奪われます。

では、どうすればいいか。子どもがおばあちゃんからお菓子をもらったら、母親はまず、おばあちゃんの行動を認めます。それは、家庭のルールを変えるということではありません。親子という家庭の最小単位においては、「夕食前のお菓子はダメ」というルールが依

然として存在します。

ですから、「おばあちゃんはあなたのことがかわいくて仕方がないから、あなたが喜ぶものをついあげたくなっちゃうんだね」と一旦、おばあちゃんの行動を認めた上で、「でも、うちでは夕食前にお菓子を食べてはダメなことは知っているよね」とルールについて言及します。

すると、次から子どもは自分で考え、「おばあちゃん、ありがとう。でもお母さんから夕飯前にお菓子を食べちゃダメって言われているから、明日のおやつの時間に食べるね」と言えるようになります。そうすれば、家庭という小さな社会が丸く収まるわけです。

子どもの世界を狭める「利己的な子育て」

自分の子どものことしか考えていない親の子育ては、利己的な子育てであると私は思います。

親自身が、「自分にとって心地良い世界以外は認めない」という狭い視野をもってしまうと、子どもはその視野を受け継ぎます。

先ほどのお菓子の例で言えば、「もうおばあちゃんの部屋に行ってはいけません！」と禁止することは、「うちの子にとって都合の悪い人間は排除したい」と言っているのと同じことです。これでは子どもの世界は狭まる一方です。

そうではなく、「子どもは社会の中で生きている」ということを意識し、まずは親自身が利他的であることを心掛けてください。

電車の中でおじさんに「うるさい！」と怒鳴られたら、親はまず「ごめんなさい」と謝り、子どもに対しては「おじさんには、あなたの声がうるさかったんだね。でもこの間、バスで会ったおばあさんは、あなたのことをかわいいって言ってくれたよね。いろいろな人がいるね」と言える度量が必要です。

子どももいずれは親元を離れ、社会に出て行かなければなりません。そこで初めて自分と意見が合わない同僚や、苦手な上司に出会うとどうなるか。

利己的な親に育てられた子どもにとって、世の中はどんどん怖い場所になってしまいます。

「子ども至上主義」の親が子どもを勘違いさせる

特に気になるのが、「子ども至上主義」の親です。

親として子どもの幸せを願うのは当然ですが、常に子どもを最優先に行動していると、子どもは「世界は自分を中心に回っている」とすぐに勘違いしてしまいます。

例えば、いつからか電車内で、自分の子どものために血相を変えて座席を取ろうとする親が目につくようになりました。子どもの方も親を立たせて自分だけ座りながら、平気な顔でゲームをしていたりします。

わが家では、娘が幼い時に親の膝の上に座らせることはありましたが、ある程度の年齢になってからは、周りの人を立たせてまで娘を座らせようとは思いませんでした。揺れる車内で立っていることは、成長期の子どもにとって体幹や筋力のトレーニングにもつながります。

もちろん、座席が空いている時は一緒に座っていましたが、車内が混み始めたら、「あそこに杖をついて立っているおばあちゃんがいるから、声をかけてきて。その間、お母さんが座席を確保しておくから」と娘に伝えていました。そうすることで、子どもは「お年寄りには席を譲るものなんだな」と学ぶことができます。

席が空いたら座ればいいし、自分より必要としている人が乗車してきたら席を譲る、たったそれだけのことができない人が増えているように感じます。

親以外の大人と接することで多様な知恵を学ぶ

「社会力」は、同世代の子どもと接しているだけでは育まれません。親以外の、さまざまな大人と接する中で子どもが自分で学び、育てていくものです。

脳科学の世界でも、2000年代に入って、さまざまな研究者が「環境の力は遺伝因子を凌駕《りょうが》する」という考えを打ち出しています。研究論文も多数発表され、親をはじめ、周りの大人が子どもに提供する養育環境の重要性が明らかになっています。

わが家でも、娘が高校生の時には、「雨が降った」と言ってはお友達の家に泊めてもらい、早朝に「バスがない」と言っては私の会社のスタッフに車で送ってもらうなど、いろいろな人の親切に支えられました。

お世話になった周囲の方々には本当に申し訳ないと思う反面、あらゆる人と接することで、娘の脳に非日常の刺激を与えてもらえることをありがたく思っていました。

子どもは親以外の大人と接することで、親では教え切れない、たくさんの言葉や行動や知恵を学ぶことができるのです。

親が笑顔の家庭では、子どもの脳はよく育つ

これは子育て科学アクシスに相談に来られる親御さんに毎回お話しすることですが、「子どもを笑顔にしよう」と思うなら、とにかく親御さんが笑顔でいること、それに尽きます。

まずはご自身が笑顔でいられることを積極的に見つけてください。大好きなアイドルのライブや映画を観に行くのもいいですし、溜まっている仕事が気になるようであれば、一時的にシッターさんを雇い、一気に片づけてしまうのもいいと思います。

家事に仕事にと追われ、心に余裕がなくなることも当然あるでしょう。私自身、子育て時代は忙しい毎日に行き詰まることもありました。そんな時は、幼い娘を夫に任せ、一人で3泊4日の東京観光に出かけていました。

大好きな映画や演劇を思う存分満喫し、夜はちょっといいホテルに泊まります。帰る頃にはすっかりリフレッシュして、上機嫌で家族に会いたくなります。帰宅すると、家の中は散らかったおもちゃや洗濯物でグチャグチャ。「この子、ずーっと泣きっぱなしだったよ」とやつれた顔で話す夫に対し、「本当にありがとう！　2人がお留守番していてくれ

たおかげで、とても充実した時間が過ごせたよ」と心からの笑顔で感謝することができました。

子どもの脳の発達には時間がかかります。

親にできることは、焦らず、信じて待つこと。

「待つ」というのは、心に余裕がなければできません。

大丈夫、親が笑顔の家庭では、子どもの脳は必ずよく育ちます。

成田娘のホンネ⑧　今なら「ありがとう」を一番に伝えたい

ブラジルキャンプから帰国後、空港で母からお説教をされた時のことは今でもよく覚えています。

当時は、「せっかく楽しい気持ちで帰ってきたのに。早くキャンプの話をさせてよ」とふて腐れた気持ちもあり、「とりあえず『ありがとう』『ごめんなさい』を言うことが大切なんだな」くらいにしか受け止めていませんでした。

しかし親元を離れ、自分でお金を稼いだり、誰かに何かをしてあげたりする経験が増えていく中で、キャンプに参加させてくれた親のありがたみが実感を伴ってわかるようになりました。

今なら、楽しかった気持ちより、楽しい経験をさせてもらえたことへの感謝の気持ちを一番に伝えたいと思います。また、そうすることで相手も「次も何かしてあげたい」と思えるようになるだろうな、と双方の視点から考えられるようになりました。

おわりに

先日ある高校生から「母の前で本心を言うことはほとんどないかもしれない。いつのころからか母の希望通りの言葉を出す癖がついてる」という話を聞きました。

例えば、本当はカレーが食べたくても、母の顔色を読んで、今日は疲れてそうだな、手間のかかるカレーは作りたくなさそうだな、と思うと「(より手間がかからない)納豆ご飯が食べたい」と言うようにしているそうです。

なぜそうなったの?と問うと、「だって、母を怒らせると1週間くらい口をきいてくれなくなるんです。その前に約束されてた楽しい予定、例えばディズニーに遊びに行くとかも簡単に反故《ほご》にされるんです。それって小さいときはとても怖いことだった。今はめんどくさいと思うだけだけど、その状況が避けられるんだったら、自分の気持ちくらい曲げても構わないと思うんです」とその子は答えました。

その瞬間、はっと思い出しました。そう、私もまったく同じでした。

私の母は不機嫌な日の方が多い人でした。その理由は深刻な睡眠不足です。父の医院の膨大な事務作業を一人で担っていた母は、毎晩午前2時、3時まで持ち帰り仕事を自宅で行っていました。その後大病を次々患ったことを思うと、慢性の体調不良も続いていたのでしょう。

そんな母の「地雷」をうっかり踏んでしまうと爆発的に怒らせてしまい、その後は1週間でも2週間でも口をきいてくれない日々が続きました。相談したかったことやお願いしたかったことも言い出せなくて、非常に困ったものでした。

いつもイライラしている母は、私の成績不振にも敏感に反応し、服やレコードを取り上げられました。その事態を少しでも避けたくて、なんとか母を寝かせたいと切望した私は、休みの日に母の事務作業を一所懸命に手伝ったものです……焼け石に水でしたが。

こうやっていつキレるかわからない母と生活しつつ、中学生のころから「寝ない大人」と暮らす子どもの恐怖と「気を遣う子ども」にならざるを得ない状況を身をもって体験したのです。そんな原体験が現在の私の活動や生き方の根拠になっていることは言うまでもありません。

本書では、私の実娘にもコラムニスト（?）として登場してもらいました。中高時代に、このような割合過酷な家庭生活を経験した私は、その後理論武装できる十分な知識を蓄え、自身の実親の真逆を貫いた子育てを実践しました。そして今はその実効性を皆さんに伝えたいと強く考えて活動しています。

でも、私からの一方的な話ではなかなか納得してもらえないということが多いのも実情です。なぜなら、「あと伸びする子ども」の育ちは、その時の同年代の子どもと比べると劣って見えるからです。

ですので今回、自分の娘に登場してもらい、子どもはどんな風に感じるのかを子ども自身の言葉で語ってもらうことにしたのです。娘にインタビューしてくださった編集者さんやライターさんが、「こんな娘に育てたい！」と感想を述べてくださったのが私にとっての一番の宝物になりました。

近年「ヤングケアラー」の存在が社会問題化していますが、ヘルパーさんなどの投入で物理的な充足ができたとしても、「地雷を抱えた親」と暮らさざるを得ない子どもの恐怖はなかなか救うことができないと私は思っています。

本当は、私の母だってあんな子育てをしたいとは思っていなかったのだと思います。でも、睡眠不足や仕事・家事の極度な負担によってどうにもならない悪循環が生じていたのだとしたら……とても切ないことです。

この本を読んで、「あ、親ってそんなに肩ひじ張らなくていいんだ。自分自身を大切にすることを優先していいんだ。それでも意外に子どもはよく育つんだ」と思って力が抜けて、たくさんのタスクから解放されてゆっくり眠れるようになる親御さんが一人でも増えると本当にうれしいな、と心から思っています。

「しっかり眠って健康にさえ育っていれば、子どもはいつか自分から勉強しだしますよ」とは娘からの伝言です。

その時をゆっくり待つことができる親に、ぜひなっていただきたいと思います。

本書を出版するにあたり、朝日新聞出版書籍編集部大坂温子様はじめたくさんの方にお世話になりました。娘や夫はもちろん、子育て科学アクシスのスタッフや会員の皆様にもいつも大感謝しております。本当にありがとうございました。

2024年6月

成田奈緒子

成田奈緒子 なりた・なおこ
小児科医・医学博士。公認心理師。子育て科学アクシス代表・文教大学教育学部教授。1987年神戸大学卒業後、米国セントルイスワシントン大学医学部や筑波大学基礎医学系で分子生物学・発生学・解剖学・脳科学の研究を行う。現在アクシスにおいて発達障害や不登校、引きこもりなど、延べ7000人以上の悩みを持つ親子の問題解決にあたる。著書に『「発達障害」と間違われる子どもたち』(青春新書インテリジェンス)、『高学歴親という病』(講談社+α新書)など多数。

朝日新書
964

子どもの隠れた力を引き出す
最高《さいこう》の受験戦略《じゅけんせんりゃく》
中学受験から医学部まで突破した科学的な脳育法

2024年8月30日第1刷発行

著　者　成田奈緒子

発行者　宇都宮健太朗
カバーデザイン　アンスガー・フォルマー　田嶋佳子
印刷所　TOPPANクロレ株式会社
発行所　朝日新聞出版
〒104-8011　東京都中央区築地5-3-2
電話　03-5541-8832（編集）
　　　03-5540-7793（販売）

Published in Japan by Asahi Shimbun Publications Inc.
ISBN 978-4-02-295249-3
定価はカバーに表示してあります。
落丁・乱丁の場合は弊社業務部(電話03-5540-7800)へご連絡ください。
送料弊社負担にてお取り替えいたします。

何が教師を壊すのか
追いつめられる先生たちのリアル

朝日新聞取材班

定額働かせ放題、精神疾患・過労死、人材使い捨て、クレーム対応……志望者大激減と著しい質の低下。追いつめられる教員の実態。先生たちのリアルな姿を描き話題の朝日新聞「いま先生は」を再構成・加筆して書籍化。

米番記者が見た大谷翔平
メジャー史上最高選手の実像

ディラン・ヘルナンデス
サム・ブラム
志村朋哉／聞き手・訳

本塁打王、2度目のMVPを獲得し、プロスポーツ史上最高額でロサンゼルス・ドジャースへの移籍が決まった大谷翔平。渡米以来、その進化の過程を見続けた米国のジャーナリストが語る「二刀流」のすごさとは。データ分析や取材を通して浮かび上がってきた独自の野球哲学、移籍後の展望など徹底解説する。

うさんくさい「啓発」の言葉
人〝財〟って誰のことですか？

神戸郁人

「人材→人財」など、ポジティブな響きを伴いつつ、時に働き手を過酷な競争へと駆り立てる言い換えの言葉。こうした〝啓発〟の言葉を最前線で活躍する識者は、どのように捉えているのか。そして、何がうさんくさいのか。堤未果、本田由紀、辻田真佐憲、三木那由他、今野晴貴の各氏が斬る。

平安貴族の心得
「御遺誡」でみる権力者たちの実像

倉本一宏

大河ドラマ「光る君へ」の時代考証者が描く平安時代の天皇・大臣の統治の実態。「御遺誡」と呼ばれる史料には権力の座に君臨した人物たちの帝王学や宮廷政治の心得、人物批評が克明につづられている。嵯峨天皇、宇多天皇、菅原道真、醍醐天皇、藤原師輔の五文書から描く。

仕事が好きで何が悪い！
生涯現役で最高に楽しく働く方法

松本徹三

ソフトバンク元副社長が提案する、定年後の日々新たな生き方。悠々自適なんかつまらない。日本的サラリーマンの生き方は綺麗さっぱりと忘れ、一人の自由人として働いてみよう。82歳で起業した筆者によるシニア&予備軍への応援の書。丹羽宇一郎、伊東潤推薦！

地政学の逆襲
「影のCIA」が予測する覇権の世界地図

ロバート・D・カプラン／著
櫻井祐子／訳
奥山真司／解説

ウクライナ戦争、パレスチナ紛争、米国分断……。政治的基盤が足元から大きく揺らぐ時代における「地理」の重要性を鮮やかに論じ、縦横無尽かつ重厚な現場の体験と歴史書との対話で世界を映し出す。〝地政学本の決定版〟が待望の新書化。

50代うつよけレッスン

和田秀樹

50代は老いの思春期。先行きの見えない不安からうつ病になる人が多い世代だ。「考え方のクセや行動パターンを変えることでうつは防げる」という著者が、「思考」「生活」「行動」から始める〝自分の変え方〟をリアルに伝授。読むだけでココロの重荷が消える処方箋！

子どもの隠れた力を引き出す
最高の受験戦略
中学受験から医学部まで突破した科学的な脳育法

成田奈緒子

現代は子どもにお金と時間をかけすぎです！ 中学受験はラクに楽しく始めましょう。発達障害や引きこもりなどで筆者のもとに相談に来る子ども達の多くは、幼少期から習い事やハードな勉強をしていた。自分から「勉強したい」という気持ちが驚くほど高まる、脳を育てるシンプルな習慣。

日本人が知らない世界遺産

林 菜央

街並み、海岸、山岳鉄道……こんなものも世界遺産？／選ばれたために改築・改修ができなくなる／選挙事情に巻き込まれることも／ベトナムの洞窟で2日連続の野宿……世界遺産の奥深い世界と、日本人唯一の世界遺産条約専門官の波乱万丈な日々。遺産登録、本当にめでたい？

中高年リスキリング
これからも必要とされる働き方を手にいれる

後藤宗明

60歳以降も働き続けることが当たり前になる中、注目を集めるリスキリング。AIによる自動化、デジタル人材の不足、70歳までの継続雇用など、激変する労働市場にあって、長く働き続けるには何をどう変えていけばいいのか。実体験をふまえた対処法を解説する。